En couverture, le Grand Temple « *Pierre Brossolette* » *de la* Grande Loge de France, *rue Puteaux à Paris. C'est en 1911 que la GLDF a acquis cet ancien couvent franciscain devenu salle de cinéma après l'expulsion des congrégations religieuses en 1903. La chapelle sera aménagée en temple en 1929.*

Les illustrations sont dues au talent de JKN.BD. Celles des pages 10, 20, 30, 42 et 50 sont extraites du « Livre du Franc-maçon » *publié aux Editions Dervy en 2017 et reproduites avec l'aimable autorisation de l'auteur et de l'éditeur. Celle de la page 6 est extraite d'un recueil de la Loge « La Marelle » à l'Orient de Tours.*

L'illustration figurant la galaxie de la Franc-maçonnerie française, page 62, parue dans la revue « L'alliance maçonnique » est reproduite avec l'autorisation de la GL-AMF.

Éditions NUMÉRILIVRE

Achevé d'imprimé en France – Dépôt novembre 2017.

ISBN 978-2-36632-066-4

pôle

Tradition

La Franc-maçonnerie de Tradition en France

Une démarche spirituelle et humaniste pour notre temps

SOMMAIRE

I - La Franc-maçonnerie de Tradition en France

7
6
4
5
3
2
1

INTRODUCTION

LE SENS DE LA VIE

Qui ne s'est jamais posé la question du sens de sa vie ?
Qui n'est jamais resté perplexe devant le spectacle du monde, de ses drames et de ses violences mais aussi de ses exploits et de ses découvertes ?
Qui n'a jamais été émerveillé par la contemplation d'un ciel étoilé ou effrayé par le silence éternel de ces espaces infinis ?

L'éveil de la conscience

La voie initiatique que propose la Franc-maçonnerie de Tradition, tout comme celles de nombreuses traditions de par le monde, implique une conversion du regard qui éveille la conscience à ce qui nous dépasse. Cet éveil de la conscience ne nie pas la matérialité du monde qui nous entoure, il ouvre les yeux de chacun sur ce qui, autour de lui, peut le transcender. Cet éveil de la conscience ne nie pas l'altérité, il ouvre le cœur sur l'essence de l'autre et de soi. Ainsi jetant un pont entre matérialisme et humanisme, il donne sa cohérence à la perception du sens de la vie.

L'initiation place au début d'un chemin de recherche et de travail qui ne s'arrêtera pas. Sur cette voie, l'initié apprend à se méfier des mots qui enferment trop souvent dans leur sens cartésien, liés à leur époque et porteurs de sens différents pour les uns et les autres. Le danger est fréquent de prendre les mots pour des idées. C'est pourquoi la voie initiatique invite à chercher l'idée à travers le symbole.

Le langage symbolique propre à la Maçonnerie permet de communiquer au-delà des mots et contribue à découvrir les significations profondes cachées derrière l'apparence d'un événement, d'un texte ou d'une légende. Ainsi le symbole, nouvel alphabet, apparaît comme un élément essentiel de l'élargissement et du changement de niveau de conscience.

Une école de spiritualité et de réflexion

La démarche initiatique ne peut être que spirituelle. Il s'agit bien de spiritualité et non de religion. Il ne s'agit pas d'acquérir, de consommer ou d'apprendre une spiritualité, mais bien de construire sa propre spiritualité dans un cheminement intime et personnel. En ce sens, elle se définit comme une école de spiritualité et de réflexion.

La spiritualité ouvre l'esprit sur ce qu'il y a au-delà de la matérialité brute ; elle ne peut être une religion car elle n'apporte pas de révélations toutes faites. Elle n'impose pas de dogmes, mais aide à réfléchir, à poser et à se poser des questions. Elle ne propose pas de formules de prêt-à-penser, mais la réflexion, l'écoute des autres et l'échange. Elle ne conduit pas à une croyance, mais permet de construire sa propre cohérence intérieure en une vision personnelle de soi-même, des autres et du monde, qui donne un sens à sa propre vie et à son action. La voie initiatique permet à chacun d'ouvrir sa vision au-delà de ses propres aspirations matérielles et de son égocentrisme. Elle conduit à ouvrir les yeux « sur ce qui ne se voit bien qu'avec le cœur ».

Une exigence de vérité

L'exigence fondamentale de cette démarche est une exigence de vérité. Nous serons conduits à chercher la vérité pour trouver ce que nous sommes au plus profond de nous-mêmes. La vérité dont il s'agit consiste à lever peu à peu les voiles inconscients qui nous masquent à nous-mêmes et à percer peu à peu les brumes à travers lesquelles nous voyons le monde et les autres, restant toujours prêts à remettre en question chaque certitude. C'est cette vérité-là qui semblera toute notre vie se reculer, comme l'horizon devant le voyageur.

Le symbole du soleil et des étoiles peut illustrer cette ouverture du champ de conscience.

Enfants, nous mettons du temps à comprendre que les étoiles ne s'allument pas à la tombée du jour, comme par l'action de l'allumeur de réverbères cher au Petit Prince. Elles brillent aussi le jour, mais on ne les voit pas car la lumière du soleil les cache !

Il y a ainsi mille choses dans le monde que l'on n'imagine pas parce que le soleil aveuglant de notre éducation, de notre civilisation, des médias et de la pensée unique les cache.

Nous ne saurons vraiment qui nous sommes et où nous sommes que lorsque nous aurons su ouvrir la porte sur les étoiles. ■

CHAPITRE I

LA FRANC-MAÇONNERIE DE TRADITION UNE LONGUE HISTOIRE

La Franc-maçonnerie s'inscrit dans une longue histoire. Elle se nourrit de mythes et, au-delà de faits avérés, elle s'accompagne parfois de récits fantaisistes ou reconstitués.

La Franc-maçonnerie est aujourd'hui diverse, notamment en France et, dans ce paysage fragmenté voire recomposé, il importe de bien comprendre la place centrale de la Franc-maçonnerie de Tradition et son histoire qui s'est écrite ou réécrite, depuis la Renaissance et, plus particulièrement, depuis le siècle des Lumières.

Certaines sociétés traditionnelles ont peut-être conservé intactes les structures initiatiques de leurs ancêtres, presque toutes le prétendent. Cependant si l'on étudie de près leurs mythes fondateurs, on se rend très vite compte qu'ils sont livrés en éclats et que les hommes les ont recousus, ravaudés, réinventés pour leur donner une cohérence.

Il est probablement dans la nature du mythe, comme dans celle du rêve, de n'être que fragmentaire.

Parfois les ruptures dans les structures initiatiques sont dues à des « accidents », tel l'incendie de la bibliothèque d'Alexandrie, ou à des hommes incapables de mesurer l'importance d'un dépôt sacré. Aussi, ceux qui souhaitaient approcher les secrets des initiations, par le peu qu'ils en savaient, durent-ils parfois créer leurs propres mystères. De là apparut un foisonnement de sociétés secrètes dans lequel s'inscrit l'histoire de la Franc-maçonnerie. Cependant, il est difficile de savoir comment et *a fortiori* pourquoi la Franc-maçonnerie que nous connaissons aujourd'hui est devenue la principale société initiatique dans le monde occidental.

À la Renaissance, l'influence de Marsile Ficin et la redécouverte de l'hermétisme

Le Moyen Âge crut à l'existence d'Hermès Trismégiste. Longtemps avant, Flavius Josèphe avait raconté que les descendants de Seth (le troisième fils d'Adam), qui avaient découvert l'astronomie, avaient prévu le déluge et conçu l'idée de graver sur deux colonnes, pouvant résister au feu ou à l'eau – l'une de pierre, l'autre de brique – la somme de leurs connaissances afin de les transmettre. La lignée des descendants de Caïn compta Tubalcaïn qui aurait été, certes, le premier forgeron mais aussi celui qui aurait inventé la guerre et les plaisirs du corps. Bolos de Mendès de son côté n'avait-il pas raconté que Thot avait été le premier Hermès, qu'il avait écrit ses principes en hiéroglyphes sur des colonnes que son petit-fils avait traduits en grec après le déluge ?

Le Moyen Âge véhicula ces légendes aussi bien à l'usage des lettrés (dont l'esprit était marqué par la destruction de la bibliothèque d'Alexandrie) qu'à celui des milieux populaires.

L'histoire s'accélère et se cristallise à la Renaissance. L'anecdote évoquant l'arrivée du *Corpus hermeticum* à Florence et de Côme de Médicis demandant à Marsile Ficin (1433-1471) de stopper séance tenante la traduction de Platon pour se consacrer à Hermès, est légendaire. On croyait alors que ces textes nous venaient de la plus haute Antiquité. La première édition date de 1471. Il y aura 16 rééditions au XVIe siècle. Marsile Ficin, dans sa *Théologie platonicienne*, fit d'Hermès Trismégiste un prêtre égyptien prenant place dans une chaîne de philosophes comprenant Orphée, Zoroastre, Pythagore et Platon. Lacunes historiques, confiance aveugle dans des sources réputées fiables, les auteurs les plus sérieux transmirent des histoires merveilleusement fausses. Mais, depuis Virgile qui offrit à Auguste et à l'Empire romain *L'Enéide*, on savait très bien qu'une société qui se fonde a besoin d'une épopée qui lui donne des racines fabuleuses auxquelles elle peut croire. Les initiations de métiers transmettaient et transmettent encore, lors des épreuves, une histoire fabuleuse où dieux et hommes, forces surnaturelles et forces naturelles, nature sauvage et civilisation sont mis en présence.

L'idée d'une tradition primordiale, révélation première qui, d'âge en âge, se serait transmise dans une chaîne ininterrompue d'initiés, triomphe à la Renaissance et s'associe à la quête alchimique. En 1614, l'érudit Casaubon prouve que les textes alexandrins ne datent pas de la haute Antiquité mais qu'ils sont contemporains des Évangiles, voire de l'époque d'Augustin. La désillusion des lettrés est grande. Pourtant certains hermétistes continuent de s'intéresser à une partie du *Corpus*.

À la même époque surgit une nouvelle légende : celle de la fraternité des Rose-Croix. L'histoire des chevaliers de la Table ronde, tout comme celle de Christian Rozenkreuz, fondateur mythique des Rose-Croix que Valentin Andreae et ses amis inventent au XVIIe siècle, ne dérogent pas à ces règles d'invention.

Le légendaire des bâtisseurs

Janus, dieu latin des portes solsticiales, pourvu d'une clé, était un dieu bâtisseur : « L'auguste Janus a bâti ce lieu fort, Saturne a bâti l'autre : ici fut Janicule et là fut Saturnie », lit-on dans *L'Énéide*. Janus était lié aux *Collegia fabrorum*, confréries de bâtisseurs qui le célébraient aux deux solstices. Janus, dieu à la fois passeur et faiseur de ponts (*pontifex*), relie et fait passer, à l'image de ceux qui ouvrent la porte des initiations.

Évoquer cette trace ne permet pas de relier les bâtisseurs du Moyen Âge, *a fortiori* les francs-maçons spéculatifs, à ceux de l'époque romaine. Mais ces traces et les mythes qui leur donnent souvent vie et couleurs hantent nos imaginaires.

Nous retrouvons semblables histoires dans le peu que nous savons des initiations liées aux transmissions secrètes des métiers. Certaines corporations d'artisans se transmirent quelques éléments de leurs rituels d'incorporation ou de progression qui leur permettaient de se distinguer entre eux et de s'entraider. Nous disposons de quelques textes : ceux que l'on appelle les « Anciens devoirs », les manuscrits *Regius* (1390 environ) ou *Cooke*. Tous font référence à une histoire mythique de l'art des constructeurs ou bien célèbrent Euclide et la géométrie.

Si leurs histoires ont pour référent central celui de la construction du Temple de Salomon, elles remontent nécessairement au jardin d'Éden, à la chute, évoquent la tour de Babel et associent à des légendes bibliques des légendes grecques évoquant Pythagore.

Chaque histoire était édifiante puisqu'il s'agissait d'inculquer des obligations morales à l'égard de leurs employeurs et des autres initiés de leur corporation (d'où les signes de reconnaissance des initiés). Ainsi furent transmis les Devoirs à ceux qui aspiraient à devenir compagnons.

Aux origines de la Franc-maçonnerie moderne

Les *Statuts Schaw* (1598-99) rendent compte de l'existence de loges en Écosse. Les maçons y étaient initiés comme apprentis, puis compagnons, et dûment enregistrés. Une guilde des maîtres organisait leur emploi. Le lexique est celui que l'on retrouvera plus tard en Franc-maçonnerie. Il existe au début du XVIIIe siècle, outre-Manche, diverses sortes de « loges », de regroupements d'entraide, de caisses de secours pas forcément liées au métier de maçon. Quand les chantiers furent moins nombreux, la Franc-maçonnerie opérative déclina. Mais le mythe de l'architecte comme homme universel perdura.

La Franc-maçonnerie spéculative qui apparaît alors se revendique des opératifs.

Certains notables anglais n'hésitèrent pas à entrer en relation avec des corporations où existaient encore des transmissions initiatiques et à y recevoir, en dépit de leur ignorance du métier, l'initiation conférée aux opératifs. Ils furent faits *accepted masons* en Angleterre, ou *gentlemen masons* en Écosse. La Compagnie des maçons de Londres, qui défendait le travail de ses membres et les aidait, vit apparaître un cercle de personnes qualifiées d'« acceptées ». S'agissait-il de non-opératifs intéressés aux secrets transmis ?

En octobre 1646, Elias Ashmole, un homme érudit et passionné par l'hermétisme, est reçu maçon à Warrington. Il n'est sans doute pas unique de son espèce non plus que le premier, puisque d'autres personnes l'avaient été dès 1621. Le rite du "mot de maçon" du XVIIe siècle (loge calviniste de Kilwinning) va nourrir symboles et rituels des loges spéculatives et il semble qu'il y ait eu des loges non opératives à la fin du XVIIe siècle.

Si la Franc-maçonnerie a des origines britanniques, il est parfois difficile de savoir ce qui vient d'Écosse et ce qui vient d'Angleterre et ce qui, du plus loin, nous vient du Moyen-Orient antique, de Sumer.
William Schaw comme Elias Ashmole, Robert Fludd ou Thomas Vaughan (Eugène Philalèthe) se revendiquaient également de la Rose-Croix. L'hermétisme, et ce qu'il portait de recherches alchimiques visant à la transformation des hommes en quête de sagesse, n'était peut-être pas antagonique avec les nouvelles approches mathématiques et scientifiques, ainsi que Gassendi ou Mersenne l'affirmaient.

Nullius in verba (« ne croire personne sur parole ») est la devise de la *Royal Society*, fondée en 1680, qui va établir les exigences de la démarche scientifique expérimentale. Newton la préside de 1703 à 1727. Le grand physicien était aussi alchimiste. C'est pourtant, si l'on en croit l'histoire, à partir de lui que la rupture entre l'esprit opératif et l'esprit spéculatif fut consommée.

La Franc-maçonnerie conserva dans ses rituels des éléments de l'une et l'autre démarche, associant intimement mathématique, philosophie et quête initiatique, respectant toutes les spéculations portant en elles la quête de la lumière et l'idée du souverain bien.

Des guerres entre puissances politiques et des guerres civiles et religieuses avaient ensanglanté l'Europe pendant plus d'un siècle. La *Glorious Revolution*, qui entraîna la fuite de Jacques II en France et l'arrivée au pouvoir de Marie et de Guillaume d'Orange allait permettre des élections libres, grâce à la Déclaration des droits (*Bill of rights*) de 1689.

Les partisans de Jacques II se réfugièrent en France, tandis que des protestants français qui avaient dû fuir les conséquences de l'abrogation de l'Édit de Nantes s'étaient installés aux Pays-Bas et en Angleterre. Les nouvelles libertés attirèrent des artisans et ingénieurs de toute l'Europe. Londres devint bientôt la ville phare des esprits libres et inventifs.

La Franc-maçonnerie fut aussi, comme les chevaliers ou les auteurs des manifestes Rose-Croix, fille de son temps. Que ses origines soient anglaises ou écossaises, protestantes ou catholiques, elle voulait proposer un cheminement initiatique préservé des fureurs sociales et religieuses, tout en permettant à ceux qui en faisaient partie d'être pleinement actifs dans le monde où ils vivaient.

1717, constitution de la première Grande Loge

La Franc-maçonnerie spéculative organisée apparaît le 24 juin 1717 à Londres par le regroupement de quatre loges constituant la *Grande Loge de Londres et de Westminster*. George Payne en est élu Grand maître l'année suivante et revient aux commandes deux ans plus tard. C'est alors qu'il sollicite Jean-Théophile Désaguliers, un scientifique proche de Newton, pour rassembler manuscrits et archives « concernant les maçons ».

Mettant en avant « l'art de bâtir », la Franc-maçonnerie va unir tradition et modernité.

Le premier pont ayant été celui qui permit la jonction entre opératifs et spéculatifs, elle en établit un second entre « hommes libres », quelle que soit leur extraction sociale. Esprit de tolérance, esprit de liberté vont lui donner des ailes et elle se répand très vite partout en Europe.

Ces chercheurs, « amis de la vérité », souhaitaient œuvrer pour une société pacifique où chaque cherchant serait toléré, quelles que soient sa religion ou ses convictions politiques, et pourrait trouver un lieu où ses questionnements spirituels pourraient s'exprimer librement. Ils s'inspirèrent ainsi du fonctionnement des maçons libres pour créer la Franc-maçonnerie spéculative et lui donner une assise antique.

Les principaux symboles et outils ont été empruntés aux opératifs. Mais la Franc-maçonnerie qui se développe au XVIIIe siècle se revendique également des Chevaliers, des Templiers, des Rose-Croix et des alchimistes auxquels elle emprunte d'autres symboles. Ainsi, en reprenant l'idée d'une tradition immémoriale remontant à Adam et Eve, en y intégrant la glorieuse histoire des Chevaliers ou des Templiers, l'histoire de la Franc-maçonnerie telle qu'elle voulut se raconter, relevait-elle aussi du merveilleux des légendes.

Comment une société qui se réclame de la raison, qui compte parmi ses membres des scientifiques qui prônent la vérification de la théorie par l'expérience, pouvait-elle se satisfaire des histoires légendaires promues par le pasteur Anderson ou le chevalier Ramsay ?

La prétention de la Franc-maçonnerie est énorme puisqu'à travers ses légendes comme dans les progressions initiatiques qu'elle propose à ses initiés, elle offre des thématiques les invitant à explorer leur sensibilité et leur imagination, à revisiter les connaissances et leurs anciennes méthodes d'acquisition, aussi bien qu'à utiliser leur raison.

Si les Lumières ont rompu avec les archaïsmes de la pensée magique, rien de tel en Maçonnerie, car invité à descendre en ses terres intérieures afin d'y trouver sa pierre cachée, le franc-maçon va devoir accepter d'aller à sa propre rencontre, de faire face à son « ombre » et d'en mettre au jour la richesse potentielle. ■

V.I.T.R.I.O.L.
VIGILANCE PERSEVERANCE
.Si une vaine curiosité
t'a conduit ici, va-t'en.
.Si tu crains d'être éclairé
sur tes défauts,
tu seras malvenu parmi nous
.Si tu es capable de dissimulation,
Tremble, on te pénètrera.
.Si tu tiens aux distinctions humaines,
Sors, on n'en connait point ici.
.Si ton âme a senti l'effroi,
ne va pas plus loin.
.Si tu persévères,
tu seras purifié par les éléments
tu sortiras de l'abîme des Ténèbres
tu verras la Lumière.
.On pourra exiger de toi
les plus grands sacrifices,
iême celui de ta vie
Y es-tu résigné
?

CHAPITRE II

L'INITIATION, AU CŒUR DE LA DÉMARCHE MAÇONNIQUE

La Franc-maçonnerie est un ordre initiatique.

Dans toutes les traditions du monde, les rites d'initiation sont des représentations symboliques de la mort et de la naissance. Sans trahir ici les rituels d'initiation maçonnique et sans dévoiler le déroulement de cette cérémonie qui doit rester une expérience intime et inédite pour celui qui la vit, on peut toutefois indiquer que l'homme ou la femme qui aspire à la lumière en voulant devenir franc-maçon se dépouille, dans une première épreuve, de son passé, de ses préventions, de ses préjugés, puis, à travers une série d'épreuves subies au cours de voyages symboliques, s'ouvre à une autre réalité en devenant franc-maçon ou franc-maçonne.

La cérémonie d'initiation, avec son rituel, est vécue par le groupe qui accueille le nouvel initié et par celui qui reçoit l'initiation, comme une expérience spirituelle fondatrice. Pour autant, l'initiation ne se résume pas à ce temps de réception du nouvel apprenti franc-maçon.

Elle est un processus de redécouverte permanente qui accompagne le franc-maçon tout au long de son parcours et de sa vie.

La dimension spirituelle de l'initiation

L'initiation est d'abord un commencement comme l'indique l'étymologie de ce mot qui nous vient du latin *initiare* « entrer » et *initium* « commencement ». Initiation : derrière ce beau mot qui évoque l'acte initial, il y a la promesse d'une aube. Rien à voir avec la signification du mot initiation dans le langage courant contemporain où on peut s'initier à toutes les disciplines et les arts et croire qu'on les maîtrise avec une découverte superficielle.

L'initiation maçonnique est bien différente. C'est un passage fondamental qui transforme pleinement le nouvel initié, le passage dans un espace sacré où il va entreprendre un cheminement progressif tout au long de sa nouvelle vie maçonnique.

L'initiation est ce mouvement premier, le début d'une longue démarche de perfectionnement et de recherche, faite de voyages initiatiques qui conduisent le nouvel initié à se connaître, à se renouveler en s'inscrivant dans une riche tradition spirituelle et philosophique et en pratiquant une démarche fraternelle.

Par tradition on désigne un savoir immémorial, auquel l'initié pourra se relier. Ce trésor de la tradition est aussi le maillon qui relie chaque initié à ses prédécesseurs, à ses initiateurs depuis l'origine des temps. Une expérience faite de paradoxes, d'une réalité plus riche que les apparences profanes, pas une réalité magique pour autant, non, une démarche très humaine, exigeante, fondée sur le travail, une démarche qu'une chaîne ininterrompue d'hommes de bonne volonté a pratiquée et consolidée dans une longue histoire.

L'initiation, comme commencement, est une mise en route, le début d'un parcours que le nouveau franc-maçon va accomplir avec l'aide de ses frères, mais en restant libre de sa démarche, responsable de son engagement. C'est au nouvel initié de se laisser transformer par l'expérience intime qu'il a vécu et l'a fait entrer dans une vie nouvelle. Un parcours exigeant, car comme l'écrit Sören Kierkegaard, « ce n'est pas le chemin qui est difficile, c'est le difficile qui est chemin ».

Initier, c'est aussi transmettre. Les francs-maçons ont le devoir d'initier et de transmettre, et chaque cérémonie d'initiation est l'occasion de revivre sa propre initiation en accueillant un nouveau frère ou une nouvelle sœur. C'est un des secrets de la Franc-maçonnerie, l'expérience individuelle est indissociable de l'expérience collective, elle se construit en fraternité.

Initié, le nouveau franc-maçon est admis dans le temple avec ses sœurs ou ses frères, dans un espace sacré ; non pas sacré parce qu'il échappe à une compréhension triviale, mais sacré, c'est-à-dire à part, dans un lieu et un temps à la fois permanents et éphémères qui n'existent que parce que les frères sont réunis, tous initiés et garants fidèles d'une chaîne humaine et de la tradition, non pas conservateurs d'une tradition folklorique, mais garants d'une tradition vivante qui place l'homme face à son destin dans une recherche humble de la vérité.

L'initiation maçonnique est singulière car c'est un engagement volontaire.

Il ne s'agit pas d'initiation sociale comme on en connaît dans certaines sociétés humaines pour une classe d'âge qui rentre dans l'âge adulte par exemple. Certes, il y a le plus souvent un peu de hasard dans le premier cheminement qui conduit le futur apprenti au seuil de l'initiation, une rencontre avec un frère ou une sœur qui propose de rejoindre la Franc-maçonnerie, une curiosité et une disposition générale par rapport à la philosophie maçonnique. Mais l'essentiel, c'est la réponse positive.

Nulle initiation maçonnique n'est imposée. De même, personne ne peut s'auto-initier. La démarche est personnelle, intime, mais elle a besoin du collectif. Rien d'étonnant alors si les francs-maçons du XVIIIe siècle parlent de cérémonie de réception plutôt que d'initiation. L'initiation est reçue. Elle est transmise. Elle est à la fois commencement et changement d'état.

Elle est bien sûr transmise par le groupe, par les maîtres qui procèdent à l'initiation du nouvel apprenti et cette initiation est reçue dans l'ouverture à une autre réalité, dans une disponibilité d'esprit à laquelle est invité le nouvel initié. La blancheur immaculée de son tablier d'apprenti l'atteste symboliquement. Rien n'est encore imprimé et il faut se mettre en route. Entrer dans la voie en toute confiance, entrer dans la beauté du rite et, derrière cela, entrevoir la beauté du monde, se laisser façonner par elle et ce qui constitue notre nouvelle vision du monde autour de beauté, force et sagesse, qui conduit dans l'amour sur le chemin de vérité. C'est la dimension spirituelle de l'initiation.

Dans nos sociétés sécularisées, cette dimension spirituelle peut faire peur au nouvel initié. D'ailleurs, peut-être celui-ci ne prend-il pas immédiatement conscience de l'univers dans lequel il vient de pénétrer. Ainsi est la Franc-maçonnerie, un vase qu'on va plus ou moins remplir en fonction de sa disponibilité d'esprit.

Comment accepter cette initiation sans tomber dans l'illusion d'une spiritualité d'apparence, de sentimentalisme, de nouvelle religiosité ? Les chrétiens parlent de la grâce, c'est-à-dire de ce qui nous est donné par Dieu. Dans la démarche maçonnique, c'est aussi une nouvelle grâce qu'il nous faut accueillir. Ce n'est pas une illumination subite, la démarche maçonnique étant progressive, cela se fera par une lente accoutumance à la lumière.

Un autre regard sur le monde

L'initiation permet de découvrir une autre réalité. L'univers qui nous entoure et dans lequel nous vivons est plus riche que la simple apparence que nous en voyions jusqu'à présent. L'initiation qui nous dégage de notre obscurité quotidienne nous met dans la lumière qui va nous permettre enfin de voir au-delà du premier degré de réalité que nous connaissions. C'est en ce sens que l'initié accède à une vie nouvelle puisqu'il accède à une autre lecture du monde, à une proximité avec l'indicible, l'ineffable. Tout cela est bien sûr lié à la méthode, au secret, le secret d'une expérience et d'une vérité qui ne se dévoile pas mais dont l'initiation permet l'approche humble et riche de promesses.

L'initié ne devient pas un surhomme, puisque justement l'initiation met à distance l'ego, les préjugés, les illusions, les fausses certitudes sur lesquelles sont fondées les représentations sociales, les systèmes de pouvoir.

Les francs-maçons du XVIIIe siècle ne parlaient pas d'initiation, ils utilisaient le mot de réception, comme continuent à le faire des frères dans certains rites maçonniques. Réception : la simplicité de ce mot indique qu'on est reçu dans le groupe et qu'on a reçu la lumière.

Être initié dans la Franc-maçonnerie de spiritualité et de tradition, c'est mettre ses pas dans un chemin spirituel ; c'est rechercher l'harmonie dans la trame de notre vie quotidienne. Être initié, c'est avoir reçu la lumière qui nous ouvre à une réalité plus grande que le prosaïsme de nos habitudes, de nos repères sociaux, des conventions et de l'immédiateté. Entrer dans ce chemin de lumière, c'est travailler sur soi, avec ce premier matériau brut qu'il nous faut dégrossir, un peu comme Michel-Ange, devant la sculpture qu'il venait d'achever, avait simplement déclaré : « J'ai vu un ange dans le marbre et j'ai seulement ciselé jusqu'à l'en libérer. »

Une fois reçue l'initiation, il ne suffit pas de mettre quelques petits morceaux de spiritualité dans sa vie pour se créer un confort moral et intellectuel, il s'agit bien de spiritualiser sa vie. Cela veut dire être en éveil permanent, à l'écoute de l'univers et de ses frères, d'abord dans une étape de silence que le nouveau franc-maçon est invité à vivre comme une méditation qui le fait sortir de son ego bavard.

L'initiation est donc un chemin de transformation. Être initié, c'est vivre différemment sa vie terrestre, passer du profane au sacré, du prosaïque, banal et routinier, au poétique, symbolique et créatif, c'est découvrir une nouvelle grammaire de l'univers.

En construisant le Temple, le franc-maçon construit un espace intermédiaire entre le monde profane dont il reconnaît le caractère illusoire et le monde sacré auquel il aspire.

Mais en réalité, il n'y a pas deux ni même trois mondes séparés, il n'y en a qu'un seul qui est sacré de toute éternité. C'est nous, par notre regard, qui profanons ce monde que nous voyons fait de matière alors qu'il n'est qu'énergie, que nous considérons vide d'âmes alors qu'il est animé, ce monde enfin que nous percevons comme silencieux parce que nous n'entendons plus son chant secret.

L'initiation apprend à voir le monde tel qu'il est, sacré, lumineux, infini, et non tel que nous l'avons limité à sa seule dimension raisonnable. Elle réintroduit le spirituel dans notre vision du monde.

L'initiation donne à la fois la qualité de frère ou de sœur et la reconnaissance d'un sentiment fraternel. Les *Constitutions* d'Anderson posent comme règle fondamentale : « Vous cultiverez l'amour fraternel qui est la base, la pierre angulaire, le ciment et la gloire de notre confrérie ».

C'est ici que nous allons en venir à l'entendement, s'il est bien vrai que le futur initié a demandé à être admis aux mystères de la Maçonnerie pour y chercher la Vérité et progresser vers la Connaissance.

Au seuil du mystère

Le domaine où l'initié est censé se mouvoir est donc celui du mystère, celui de l'origine, celui de l'intelligence qui « intellige » du dedans, comme disait saint Bernard, celui de l'au-delà des limites et des formes qui composent le décor où se meuvent les mortels. En voulant explorer le chemin qui mène au cœur du mystère, nous suivons le conseil de Marie-Madeleine Davy nous enjoignant de passer du psychique au pneumatique – et de méditer les désormais célèbres paroles de Jean Guitton : « Le mystère est la substance de ce qu'on ne voit pas [...] une chose obscure en elle-même et qui éclaire tout le reste, une invisible source de lumière à laquelle s'expose l'intelligence contemplative. »

Quelque chose échappe, quelque chose qui est de l'ordre de l'origine. Il apparaît que tant l'étude du langage (Ludwig Wittgenstein) que l'étude de la logique (Kurt Gödel), de la structure de la matière (Werner Heisenberg) ou de l'évolution irréversible (Ilya Prigogine) débouchent sur le même constat d'incomplétude, le même horizon d'indécidabilité, la même impossibilité à limiter le vrai à la totalité de ce qui peut être dit, formellement démontré ou immédiatement mesuré. Faire une théorie de la connaissance conduit à reconnaître que quelque chose nous échappe. Et ceci n'est pas une défaite de la raison, mais une condition de progrès, d'intelligibilité.

Aux notions classiques de causalité linéaire, de réduction, de complétude font place celles de causalité globale, d'irréductibilité ou d'incomplétude. Voilà que le progrès, au regard de la connaissance scientifique, se traduit en termes de passage de la certitude à l'incertitude, ce qui n'est pas sans renvoyer l'homme à sa contingence et à sa finitude.

Si on dit que c'est une quête, un cheminement, c'est la quête du perfectionnement de soi. Cela implique un déplacement de perspective. C'est une quête spirituelle, non dogmatique, avec des épreuves qui modifient ceux qui en font l'expérience. On désigne souvent les francs-maçons comme les fils et les filles de la lumière. Paradoxe apparent pour ceux que leurs détracteurs accusent de travailler dans l'ombre, brandissant parfois la menace d'un complot maçonnique obscur. C'est tout le contraire. Oui, les francs-maçons sont fils de la lumière ! Cette expression a concerné d'autres grandes écoles spirituelles, les Esséniens à l'écoute du Maître de lumière, les Égyptiens et leur culte solaire. Mais dans la tradition maçonnique, fils de la lumière, les francs-maçons veulent l'être aussi à l'école de Platon, *Gnothi seauton*, « connais-toi toi-même », aller au-delà des apparences et des représentations que renvoie la lointaine lumière dans la caverne. La lumière peut être parfois aveuglante et alors elle ne permet pas de voir. Il faut se méfier des illuminations et des illuminés. C'est bien pour cela que le cheminement maçonnique est progressif. La lumière nous met à nu, elle nous empêche de mentir aux autres, de nous mentir à nous-mêmes, à ce que certains appellent la part d'obscurité.

Oui, la recherche de la lumière est d'abord une ascèse personnelle. Et il n'est pas étonnant que tout cela se passe dans un espace séparé, dans la loge, dans un temps séparé des activités quotidiennes, dans une dimension de mystère, de secret comme il y a un secret de l'amour, un secret des expériences primordiales.

Ce secret est par nature incommunicable. Car ce secret, ce ne sont ni les mots qui permettent de se faire reconnaître comme Franc-maçon et d'être admis en Loge, ni les gestes, poignées de mains ou autres, ni aucun autre élément de nos rituels, que l'on peut se procurer sans difficulté dans toutes librairies ou sur Internet. Le secret maçonnique est réellement incommunicable en ce qu'il est le vécu intime de chaque Maçon. Il est le vécu rigoureusement et exclusivement personnel de son travail, de sa réflexion, de son cheminement intellectuel et spirituel. Il est la somme de ses idées, de ses émotions, de ses sensations. Il ne peut donc réellement se transmettre.

L'initiation est donc au cœur de la démarche maçonnique. Il n'y a rien de magique dans ce moment, pas de « court-circuit » qui donnerait la révélation, la connaissance et la vérité sur les secrets de l'existence. Non, il y a certes une dramaturgie de la cérémonie d'initiation, un message positif, avec ses rites et ses épreuves ; pas des épreuves physiques comme dans les rituels d'initiation d'autres civilisations mais ces épreuves symboliques dont la portée constitue en soi une pédagogie.
En cela, l'initiation est vécue comme une naissance, une expérience intime de passage, une mise au monde de soi-même. ■

Πυθαγόρας
שלמה

CHAPITRE III

LA TRADITION EXPRESSION D'UN ORDRE SPIRITUEL

Toutes les obédiences se réclament de près ou de loin de la notion de tradition.

Dans un article paru en 1926 (« Regnabit »), René Guénon écrivait : « Nous pensons précisément que, ce qui compte avant tout, c'est de restaurer cette véritable intellectualité et, avec elle, le sens de la doctrine et de la tradition. ».

Pour les Romains, il s'agissait de tout autre chose. *Memoriam posteris tradiderunt* ainsi que l'écrivait Tite Live : « Ils transmirent la mémoire aux descendants », ou bien chez Cicéron : *Tradere virtutem hominibus*, enseigner aux hommes la vertu.

Doctrine, mémoire, enseignement, voici déjà trois sens différents qui, certes, ne s'opposent pas absolument, mais qui ne recouvrent pas la même idée.

Définir la tradition

Quelle définition de la tradition ?

Si on se réfère à Littré, la tradition c'est l'action de « livrer quelque chose à quelqu'un », c'est aussi « la transmission de faits, de doctrines religieuses, de légendes, par voie orale, et sans preuve authentique et écrite ». Dans beaucoup de religions, comme dans l'Église catholique, il s'agit de la transmission de la connaissance des choses religieuses, qui ne sont pas dans l'écriture sainte et qui en permet l'interprétation.

Si l'on fait retour à l'étymologie, tradition découle de *tradere* : « remettre directement entre les mains de quelqu'un ».

L'héritage sémantique de la Franc-maçonnerie apparaît potentiellement divers et varié. Il convient donc d'explorer les différents sens habituels de ce mot pour, ensuite, envisager la possibilité d'une tradition maçonnique et, surtout, d'en examiner le contenu.

Les significations usuelles du mot tradition sont en rapport, le plus souvent, avec les traditions : us et coutumes, codes vestimentaires, fêtes populaires, manifestations religieuses extériorisées, célébrations des cycles saisonniers, organisation des relations sociales... Il s'agit de tout ce qui s'inscrit dans la durée, qui répète, même en les renouvelant, ce que les anciens faisaient. *Mos erat a majoribus traditus* : « c'était une coutume transmise par les anciens ».

Les traditions représentent donc ce qui est permanent dans le cours de la vie et, d'une certaine manière, ce qui s'oppose à la modernité ou, à tout le moins, à la mode.

Mais, au début du XXe siècle, de nombreux auteurs, dont les principaux sont René Guénon, Julius Evola ou Ananda Coomaraswamy parmi d'autres, ont fait émerger un concept très différent, celui de la Tradition, ce mot s'écrivant alors avec un « T » majuscule et au singulier.

La proximité intellectuelle, voire l'appartenance de certains de ces auteurs à la Franc-maçonnerie incite, bien sûr, à concevoir la Tradition selon ce qu'ils en ont écrit. Il ne s'agit alors plus des traditions et encore moins du traditionalisme, décrit comme un assemblage de faits traditionnels, s'opposant la Tradition porteuse de vérité.

D'autres auteurs, anthropologues ou sociologues, ont cherché à mettre en évidence la Tradition comme la résultante d'un héritage culturel, de pratiques sociales, de comportements religieux, traduisant les conceptions du monde, de tel ou tel groupe d'individus.

Pour d'autres, enfin, la Tradition serait ce qui correspond à la *philosophia perennis* de Leibniz, c'est-à-dire, au fond, à un ensemble de règles de sagesse, transmises de générations en générations. Il ne s'agit pas simplement de règles pratiques, mais d'un véritable corpus doctrinal qui n'est plus du tout d'ordre culturel mais essentiellement d'ordre spirituel ou religieux pour certains.

C'est dans le cadre de cette *philosophia perennis* que s'inscrivent René Guénon et les auteurs déjà cités. La Tradition apparaît alors comme une doctrine métaphysique ou religieuse, renvoyant à une Tradition primordiale, quasi transcendantale, ayant pour la majorité de ces auteurs, très clairement, une origine supra-humaine. Les implications d'une Tradition primordiale doivent alors être examinées, car il ne s'agit plus d'éléments singuliers, dont le caractère géographique ou la survenue temporelle relève de l'aléatoire, mais, bien au contraire, d'un ensemble global s'imposant à tous et en tout temps.

Il s'agit alors, et c'est très évidemment le cas dans la tradition hébraïque ou dans la tradition romaine, d'un ensemble de normes comportementales d'origine divine pour la première (le don de la Loi au Mont Horeb, par exemple) ou supra-humaine, semi-divine pour la seconde (Romulus, Énée).

Ces connaissances font référence au temps des origines et traduisent des transmissions successives, de Dieu à l'homme d'abord et des hommes aux autres hommes ensuite. De ces transmissions successives découlent l'autorité spirituelle confiée à ceux qui ont la capacité de faire le pont avec le divin, d'où l'apparition d'une autorité spirituelle dite « pontificale ». La nécessité d'assurer cette transmission rigoureusement et sans altération implique alors de créer des rites qui, soigneusement codifiés, garantiront la permanence des faits légendaires, et de créer un langage sacré ou, mieux, symbolique qui, détaché des évolutions liées au temps et aux hommes, maintiendra intact le sens des vérités initialement dévoilées.

Il devient alors impérativement nécessaire de mettre en place une structure chargée de réaliser les rites et les cérémonies de la manière la plus juste et la plus conforme à l'origine. Il est nécessaire, enfin, d'assurer la conservation de l'héritage traditionnel reçu des temps immémoriaux : ce sera le rôle du Sénat chez les Romains, des prêtres et des Églises dans les religions monothéistes.

Conséquences philosophiques de la Tradition primordiale

Les conséquences philosophiques de la Tradition primordiale vont alors apparaître d'une manière qui est souvent occultée par les francs-maçons eux-mêmes.

Une conséquence majeure de cette approche de la Tradition est d'apparaître comme un rejet total des « Lumières ». La mise en avant de la raison, le refus du surnaturel, la prééminence accordée à l'organisation politique de la cité, la structuration et le rôle du magistrat civil (John Locke, 1686), la notion de

Tolérance (Pierre Bayle, 1686), la constitution d'une morale détachée de la religion (Kant, 1781-1786), autant d'éléments rejetant toute autorité spirituelle qui serait d'une origine autre qu'humaine permettant de comprendre l'opposition frontale entre la Tradition et les Lumières.

C'est en réaction aux Lumières qu'on constate l'apparition et le développement, au milieu du XIXe siècle, des doctrines ésotériques (le mot ésotérisme apparaîtrait lui-même en 1839) et des sciences occultes qui surgissent dans les années 1880-1890.

Ensuite, avec René Guénon, dans les années 1920 à 1930, c'est d'abord la recherche d'une connaissance spirituelle primordiale à travers l'étude des traditions chrétiennes et celle des religions orientales. Dans cette mouvance, la Tradition primordiale s'avère parfaitement incompatible avec la civilisation moderne.

Quels sont finalement les éléments caractéristiques de la Tradition ?

La notion principale est sans aucun doute l'existence d'un ordre sacré de l'existence humaine. Il existe une réalité transcendante qui constitue le socle de toute existence et qui en réalise en outre la finalité.

Cet ordre sacré est sous-tendu par une doctrine métaphysique, d'origine supra-humaine, contenant la vérité qui est universelle et éternelle. C'est cette doctrine qui détermine les pratiques éthiques de chaque individu : c'est à travers les rites, les mythes et les symboles que chaque homme peut appréhender la manière de conduire sa propre existence. Les rites permettent à l'homme de se conformer à l'ordre cosmique. Les mythes lui ouvrent les portes de la connaissance de ce qui est inexplicable, l'origine du monde, la destinée de chacun. Les symboles l'amènent à percevoir les réalités suprasensibles à l'aide d'éléments sensibles.

La Tradition est alors l'expression d'un ordre universel, assurant l'unité de la communauté des hommes et leur permettant d'accéder progressivement à une réalité transcendante.

La Tradition au cœur de l'histoire de la Franc-maçonnerie

La première obédience maçonnique est née à Londres en 1717 mais en faire le point de départ de la Tradition serait bien court. Si on considère la Franc-maçonnerie, non au prisme de ses structures administratives mais à partir des différents rites qui sont pratiqués en son sein, la réponse est plus riche.

Certains rites véhiculent une Tradition initiatique véritable . Il faut cependant rappeler que les rites actuellement pratiqués sont de facture récente : le rite français et les rites anglo-saxons du début du XVIIIe siècle, le Rite Ecossais Rectifié de 1782, le Rite Ecossais Ancien et Accepté de 1786 et 1804. Mais ce n'est pas tant de par leurs structurations récentes que tous ces rites peuvent s'inscrire dans la Tradition, mais bien par l'influence spirituelle qu'ils véhiculent.

Tous les rites maçonniques font référence aux *Constitutions* d'Anderson de 1723 et, pour le Rite Ecossais Ancien et Accepté, au texte *Ahiman Rezon* de Lawrence Dermott de 1751. Mais ces textes eux-mêmes s'inspirent des *Old Charges*, « les anciennes obligations », dont il ne subsiste que peu de textes. À travers les quelques textes qui nous sont parvenus, le « Regius » de 1390, le « Cooke » (circa 1400), on découvre deux éléments essentiels qui sont toujours au cœur de la démarche maçonnique.

Il y a, d'une part, l'art de construire qui s'appuie sur la science, en l'occurrence l'art de la géométrie, et nous sommes renvoyés directement à Euclide qui est présenté presque comme le saint patron des constructeurs. En ce sens, le respect de la vérité – scientifique mais pas seulement – sera toujours l'un des fondements de l'Ordre.

Il y a, d'autre part, l'« Art royal » qui s'appuie tout autant sur une morale exigeante, non seulement pour l'art de construire lui-même, mais surtout pour organiser la vie de la collectivité à l'œuvre. La démarche éthique, l'intégrité, nous dit le « Regius », est ainsi présentée comme consubstantielle à l'art de construire.

Dans les années 1717 à 1723, lors de la création de la première structure obédientielle à Londres, ces notions seront reprises intégralement. De plus, la dimension transcendante de la Franc-maçonnerie y est très clairement affirmée : dans le cadre d'une filiation judéo-chrétienne, la Franc-maçonnerie s'appuie immédiatement sur la transcendance de Dieu qu'elle désigne alors sous le nom de « GADLU », le Grand Architecte de l'Univers. Les racines chrétiennes de la Franc-maçonnerie sont incontestables et la transcendance y est présente dès l'origine.

Si le pasteur James Anderson prône, en 1723, cette religion (religion naturelle) que tous les hommes acceptent, à savoir d'être des hommes bons et loyaux, hommes d'honneur et de probité, il précise sa pensée en 1738 : « pourvu qu'ils acceptent les trois articles de Noé ». La référence explicite au *Livre de la Genèse* et à Noé, inclut donc, sans équivoque, la Franc-maçonnerie naissante dans la mouvance chrétienne.

En 1736, le chevalier Michel de Ramsay, dans un texte célèbre, va faire évoluer les concepts.

Si les quatre loges qui s'étaient réunies à Londres en 1717 avaient pour finalité essentielle d'assurer la solidarité entre leurs membres – et cette notion de solidarité est peut-être la plus universellement partagée par toutes les Franc-maçonneries du globe – Ramsay décrit les qualités nécessaires pour devenir franc-maçon et les buts que se propose l'Ordre. La philanthropie en est la caractéristique majeure. Pour lui, il ne s'agit pas seulement de solidarité, il est maintenant nécessaire de considérer que « le monde entier n'est qu'une grande République dont chaque nation est une famille et chaque particulier un enfant ».

La dimension de l'égalité des droits et celle de l'universalité sont au cœur de la démarche maçonnique. La saine morale permettra de former des hommes bons et loyaux respectueux de la vertu, se perfectionnant pour le vrai, le beau et le bon. La dimension éthique est ainsi fortement réaffirmée. S'y ajoutent le goût du secret inviolable, rappelé avec insistance car il contribue à lier des hommes ensemble et à assurer leur sécurité, et, enfin, le goût des sciences et des arts libéraux, fondamental mais excluant résolument la théologie et la politique. Il est alors préconisé de réaliser un dictionnaire de tous les arts libéraux et de toutes les sciences utiles – Diderot ne mettra en œuvre l'*Encyclopédie* qu'en 1751 – pour permettre de l'augmenter chaque année « selon l'augmentation des Lumières ».

La notion de progrès et de la perfectibilité infinie vient d'apparaître.

Avec Ramsay, la Franc-maçonnerie se situe d'emblée dans le cadre de la philosophie du siècle des Lumières qui commence : liberté de conscience, égalité des droits, tolérance religieuse, priorité donnée à l'éducation scientifique et à l'usage de l'entendement, vocation universelle, respect intangible de la loi morale, place centrale donnée à l'homme au centre du cercle. En ce sens, les lumières de la Franc-maçonnerie et du XVIIIe siècle prolongent la libération de l'esprit commencée à la Renaissance.

En 1875, pour certaines obédiences et, de manière essentielle, pour la *Grande Loge de France*, le Convent de Lausanne apporte une modification profonde dans la compréhension de la Tradition maçonnique ; si jusque-là le GADLU ne pouvait être que Dieu, le Dieu judéo-chrétien de la Bible, le Convent de Lausanne fit évoluer cette conception en l'ouvrant à d'autres significations, sans récuser la conception biblique, mais en gardant, de manière intangible, l'élan vers une transcendance spirituelle, qui pouvait être ou ne pas être, incorporée dans une dimension religieuse. La croyance en Dieu n'était plus obligatoire, mais la Franc-maçonnerie gardait intégralement la perspective de sa propre spiritualité et la recherche de la transcendance.

Cette transcendance apparaît alors liée à la liberté de conscience comme l'avers et le revers de la même pièce : *Deus meumque jus*. Et c'est ainsi que la liberté de conscience, confrontée à l'idée de transcendance et s'appuyant sur elle, nous reconduit à la Tradition.

La Tradition vivante pour les francs-maçons

Quelle peut être la Tradition au sein d'un Ordre maçonnique ?

Elle ne peut pas être définie de manière rigoureusement scientifique mais apparaît plutôt comme le produit d'une histoire, reconstituant sans arrêt les données de l'origine, les modifiant parfois pour les adapter, mais sans jamais en altérer les caractères fondamentaux.

Cette Tradition vivante s'appuie sur l'utilisation du symbolisme de la construction permettant à chacun de se construire progressivement et de participer pleinement, chacun à sa place, à la construction de la société. C'est la recherche constante de la vérité, scientifique pour édifier selon les règles, mais aussi dans sa transposition symbolique, psychologique, intuitive, émotionnelle même, pour construire les relations avec les autres êtres humains.

C'est aussi la promotion d'une éthique à visée universelle, la pratique de la tolérance qui permet à chaque homme de reconnaître l'autre comme une autre conscience, aussi libre que lui-même. C'est la croyance, la seule qui soit réellement nécessaire pour un franc-maçon, en la perfectibilité de l'homme et donc en la possibilité d'un certain progrès sur le plan des relations humaines.

Cela passe par un cheminement personnel spirituel et métaphysique et, pour ceux qui sont croyants, dans l'approfondissement de leur propre religion, sans jamais cependant porter atteinte à la liberté absolue de conscience, la sienne propre, comme celle des autres.

Cette Tradition vivante marie la compréhension des arts libéraux, c'est-à-dire des arts qui libèrent, de l'Art royal comme art de la vie, comme pratique de la sagesse, c'est-à-dire d'une fraternité partagée.

La Tradition n'est pas une nostalgie, elle est le rattachement à un état initial, le souvenir enfoui ou voilé d'un âge d'or. Inséparable de la répétition de rites, s'articulant eux-mêmes sur des mythes fondateurs, la Franc-maçonnerie, dont l'initiation est le geste central, se vit dans une Tradition qui permet et crée la transmission. ■

CHAPITRE IV

LA FRATERNITÉ, UN CHEMIN DE SPIRITUALITÉ

La Franc-maçonnerie de Tradition rassemble des hommes et des femmes qui pressentent et recherchent une unité au-delà du chaos et du tumulte du monde, au-delà de la multiplicité dont il offre l'apparence.

On ne se constitue pas franc-maçon tout seul comme l'exprime bien la formule rituelle de réponse à la question
« — Êtes-vous franc-maçon ?
— Mes Frères me reconnaissent pour tel. »

À la différence de l'amitié qui est un choix d'élection, on ne choisit pas sa sœur non plus que son frère. Il est donné lorsque, par l'initiation, on devient franc-maçon. L'engagement du nouvel initié est donc un pari sur cette fraternité reçue et partagée qui est à la fois un moyen et un objectif. Cette fraternité se vit au sein du groupe de base qu'est la loge dans laquelle les sœurs et les frères s'instruisent mutuellement.

La même fraternité relie tous les francs-maçons, engagés dans une quête commune, et embrasse tous les membres de la famille humaine. Fondamentalement, cette fraternité prend une dimension spirituelle en mariant altérité et unité pour les francs-maçons que la tradition qualifie de « fils de la lumière ».

La fraternité vécue dans le travail commun

Il n'y a pas de maître et de disciple dans l'école spirituelle et philosophique maçonnique. L'Initiation au sein de la Maçonnerie de Tradition propose une voie de réalisation personnelle au sein d'une fraternité et par cette fraternité. Elle repose sur cette évidence essentielle que, pour réaliser mon unité, l'expérience de l'autre me manque. Elle constitue un projet commun de la réalisation de chacun.

Les francs-maçons fondent leur engagement sur un travail sincère de recherche. Le travail est une valeur fondamentale, c'est le socle de la démarche maçonnique. Travailler, s'engager, vivre pleinement sa vie d'homme et de femme. Alors que notre monde moderne critique beaucoup la valeur travail, pour les francs-maçons le travail est d'abord ouvrage, œuvre créatrice, ce n'est pas une punition. En cela, ils s'inscrivent dans la lignée des bâtisseurs. « La Vérité n'appartient pas à celui qui la dit, ni même à celui qui prétend la détenir, mais à celui qui la cherche » : le travail intérieur est essentiel dans l'apprentissage de la fraternité, travail et devoir personnel, travail sur soi avant de s'extérioriser.

La pratique maçonnique s'inscrit dans une longue fraternité qui traverse le temps ; c'est un travail de transmission, dans une longue chaîne fraternelle. Les francs-maçons des siècles précédents travaillaient avec la même méthode que ceux d'aujourd'hui, selon les mêmes rites, se posant les mêmes questions fondamentales et intemporelles sur les mystères humains, sur la recherche de la vérité, de la sagesse, de la beauté, de la paix.

Dans leur quête, hier comme aujourd'hui, ils avaient cette même méthode progressive pour avancer dans leur recherche, en s'appuyant sur un langage universel qui est le langage symbolique, langage universel des symboles de la construction, le compas et l'équerre par exemple. Les outils des constructeurs constituent des supports de réflexion : rectitude du fil à plomb, ouverture du compas, réunion de l'horizontal et du vertical dans l'équerre, etc.

Travailler, réfléchir, approfondir le sens symbolique de ces outils et de tant d'autres est réellement formateur. Bien sûr il y a la dimension morale, mais tout de suite, aussi, une dimension philosophique qui invite à voir au-delà des apparences, des *a priori,* des préjugés, qui invite à une dimension spirituelle et poétique, celle qui permet de dire l'ineffable.

À la différence du dogme ou de la vérité imposée, le symbole est un système ouvert, inépuisable de compréhension du monde. La pratique de la langue des symboles, langage universel et toujours en ouverture, permet d'éveiller la conscience fraternelle.

Ce travail s'accomplit dans la loge dont la vitalité dépend directement de l'implication de chaque membre et surtout des frères ou des sœurs qui exercent différentes responsabilités d'organisation du travail en loge, exercice direct de fraternité. À eux d'y faire régner l'harmonie, pas une harmonie d'évitement des sujets qui ne feraient pas consensus, pas de sentimentalité facile. La fraternité exige d'être, à la fois, exigeante et bienveillante. La fraternité, c'est le courage de se dire les choses simplement avec franchise, c'est bien le moins pour un franc-maçon.

La méthode maçonnique permet d'être de plain-pied avec les autres. La fraternité au sein de la loge, c'est aussi l'apprentissage de la stabilité, de l'enracinement dans une communauté humaine, une « école mutuelle ». La méthode permet au franc-maçon de progresser dans les échanges avec ses sœurs ou ses frères pour qu'ensuite il continue au-dehors l'œuvre commencée dans le temple.

Dans l'exercice de ce travail individuel et collectif, chaque franc-maçon peut faire sienne la formule du philosophe Emmanuel Levinas, « Je suis le gardien de mon frère », qui nous dit qu'on ne peut pas se constituer sans l'autre.

Nous prenons conscience que nous n'existons que dans l'altérité. Dans une société qui exalte la compétition, le franc-maçon choisit la coopération. Chaque frère trace son chemin, construit sa voie, hors des systèmes et au sein d'une fraternité qui naît d'un commun pèlerinage.

La fraternité, un lien qui libère

La fraternité vécue dans la Franc-maçonnerie est singulière. Elle n'est pas un entre-soi identitaire ou affinitaire, une fraternité de clan ou de tribu qui serait enfermement ou régression. Au contraire, cette fraternité a pour objectif d'émanciper ceux qui en sont membres, de permettre à chacun d'accomplir son parcours de recherche de la vérité et de la sagesse. C'est donc un lien qui libère, une fraternité de cordée plutôt que de corde !

La fraternité, c'est sortir d'un individualisme, de l'ego pour comprendre que nous sommes reliés. C'est une fraternité de liberté où nous voulons le meilleur pour tous nos frères, fraternité assise sur la qualité de la relation entre les frères, faite d'amour et de bienveillance, d'empathie, d'écoute, de compréhension et d'émulation mutuelle pour progresser.

La démarche humaniste de fraternité universelle

Dès qu'elle s'est organisée institutionnellement, la Franc-maçonnerie s'est définie comme un ordre initiatique fondé sur la fraternité. Ses textes constitutifs tels que les *Constitutions* d'Anderson posent cette règle fondamentale : « Vous cultiverez l'amour fraternel qui est la base, la pierre angulaire, le ciment et la gloire de notre confrérie ». Les textes fondateurs fixent l'objectif : « La franc-maçonnerie a pour devoir d'étendre à tous les membres de l'humanité les liens fraternels qui unissent les francs-maçons sur toute la surface du globe ».

La mise dans le contexte historique du XVIIIe siècle permet de comprendre ce qu'a été l'affirmation de cet idéal de fraternité dans les tentatives de rapprochement entre divers courants philosophiques et religieux, dans la promotion de la liberté et de l'égalité entre les hommes dont la fraternité constitue le ciment. Aujourd'hui, plus que jamais, cet idéal humaniste de fraternité universelle reste d'actualité pour tous les francs-maçons.

La Franc-maçonnerie est la gardienne de cette idée de fraternité traditionnelle et universelle, émancipatrice et libératrice, qui s'adresse à toute la famille humaine, autant au prochain qu'au lointain, au semblable qu'au différent, au connu qu'à l'inconnu.

L'accomplissement de la fraternité reste un parcours ardu. Les figures mythiques de Caïn et Abel nous rappellent qu'on peut être frères ennemis et Primo Levi, témoin lucide rescapé des camps de la mort, nous alerte sur le risque du fratricide. Il plane, comme « l'ombre d'un soupçon, que chacun est le Caïn de son frère ». (Primo Levi, *Les Naufragés et les Rescapés –Quarante ans après Auschwitz,* Paris, Gallimard, 1989, p. 80-81).

La fraternité comme chemin de spiritualité

Vivre la fraternité, c'est reconnaître que l'autre est sacré, comme l'écrit l'auteur japonais Shusaku Endo, « Le péché, ce n'est pas de voler et de mentir, c'est, pour un homme, de marcher brutalement sur la vie d'un autre, insoucieux des blessures qu'il laisse derrière lui. » Cheminer en fraternité vers la réalisation spirituelle, c'est aussi écouter la « musique » de l'autre et, grâce aux symboles, communiquer de cœur à cœur et d'âme à âme.

La fraternité ne peut se contenter d'un univers en deux dimensions. Elle s'inscrit dans une triangulation avec une troisième dimension spirituelle et transcendante qui donne le sens de la fraternité telle qu'elle est vécue dans la Franc-maçonnerie de Tradition. Au-delà de sa dimension humaniste, elle s'ouvre aussi à tous les êtres vivants qui composent l'univers, comme en écho aux paroles des grands mystiques, à l'exemple de saint François d'Assise, qui fraternisent avec le soleil et la lune.

Moyen et but, la fraternité est un élan quotidien vers le bien, le bon, le beau et le vrai.

Elle emporte le franc-maçon dans une roue, une chaîne d'union, fraternité de lumière et fraternité qui élève. Il faut comprendre cet engagement maçonnique, d'abord comme une fidélité aux serments et aux engagements qui, par l'Ordre, lient le franc-maçon à ses frères et sœurs. Cette fidélité est créatrice d'amour, la fraternité comme un *a priori* absolu de bienveillance pour celui qui devient mon frère par l'initiation. À chacun de se montrer digne de ses devoirs d'honneur et de loyauté.

La quête de la vérité, pour tout être humain et plus impérativement pour le franc-maçon, est fondée sur une fraternité de parcours et de travail partagés.

Cette fraternité maçonnique vécue pleinement peut se définir comme une jubilation spirituelle partagée et active, vécue comme don commun à plus vaste que soi, là où la transcendance se confond avec l'humanité.

Dans le rituel des travaux en loge, une formule résume bien cela : « Unissons nos cœurs en fraternité et tournons nos cœurs vers le créateur » ou bien « et que nos regards se tournent vers la Lumière ». ■

CHAPITRE V

PARLER DE SPIRITUALITÉ AU XXIe SIÈCLE

Chaque jour dans le monde, de nouveaux frères et sœurs sont initiés et, en France, la Franc-maçonnerie de Tradition, avec sa démarche spirituelle, attire de plus en plus d'hommes et de femmes de bonne volonté qui veulent s'engager dans un parcours exigeant d'accomplissement et de recherche. La transmission continue à s'accomplir au fil du temps. Quelles que soient les époques, les questions essentielles qui se posent à l'Homme sont toujours les mêmes mais les conditions de réception du message maçonnique ont radicalement changé en ce début de XXIe siècle.

Une rencontre plus improbable avec l'idéal maçonnique

Le zapping permanent, le désir d'immédiateté s'accommodent mal de la démarche progressive et du temps long qu'exige le parcours maçonnique nécessaire à toute recherche personnelle et authentique de la vérité dans le respect de l'autre.

Dans notre société sécularisée, chez certains de nos contemporains le consumérisme dominant et l'absence de culture philosophique et religieuse ont tué le désir de recherche. Chez d'autres, au contraire, la recherche d'absolu trouve des réponses rapides et globalisantes dans le fondamentalisme religieux ou dans des dérives sectaires.

Tout change ! Même les stéréotypes sur la Franc-maçonnerie ont évolué.

En France, la Franc-maçonnerie s'inscrit dans le récit national, héritière des Lumières, identifiée à la construction de la République, avec son idéal progressiste, liée à l'influence politique de sa principale obédience, qui s'est séparé du tronc anglais. Les stéréotypes dus à l'histoire française, aux combats pour la séparation de l'Église et de l'État donnent une image déformée et très restreinte de la Franc-maçonnerie. D'autant que la plupart de nos concitoyens connaissent mal ou ignorent totalement la Franc-maçonnerie de spiritualité.

Parallèlement, dans la génération montante, beaucoup de jeunes la découvrent à travers un fatras ésotérique issus de sites Internet exotiques et d'une abondante littérature très inégale. Cette effervescence est à l'origine de nouveaux fantasmes. Aux accusations complotistes politiques d'hier succèdent aujourd'hui les accusations de pouvoirs occultes et de mystères, bien éloignés de la voie longue et modeste de l'ascèse spirituelle que constitue en vérité le parcours maçonnique.

Pour les femmes et les hommes de bonne volonté qui dépassent le maquis des représentations trompeuses, la rencontre avec l'idéal maçonnique est-elle plus difficile que pour les générations précédentes ? Assurément !

Comment affermir le sens de l'engagement et découvrir les vertus de la patience dans une société qui zappe en permanence ? Où faire silence aujourd'hui ? Comment apprécier le secret dans une société où tout est transparent ? Comment retrouver le sens de l'infini dans un monde qui se veut fini, où la technique voudrait apporter réponse à tout ? Qu'est-ce qu'une philosophie humaniste, à l'ère de l'anthropocène, sur une planète qui pourrait demain se passer de l'espèce humaine ?

La démarche maçonnique est centrée sur le travail. Qu'est-ce que le travail, "le salaire de l'ouvrier" à l'heure de la financiarisation de l'économie, quand la création de valeur financière a perdu pied par rapport à l'économie réelle, quand on compte 200 millions de chômeurs dans le monde dont 75 millions ont moins de 25 ans ? Quel est notre relation au travail, fondement de la démarche maçonnique, dans une société où le travail est décrit comme une aliénation et non comme une œuvre de création ? Dans un monde où la machine et le robot ont remplacé l'homme, les mots d'apprenti, de compagnon ne résonnent pas aux oreilles de l'homme du XXIe siècle comme à celles de nos prédécesseurs. Et pourtant, en maniant les outils de la Maçonnerie, aujourd'hui comme hier, nous retrouvons le sens de l'effort libérateur, de l'apprentissage patient qui conduit à la maîtrise parfaite. En ce sens, la simplicité de nos outils nous permet de revenir à l'essentiel.

Quand on demande aujourd'hui à un futur franc-maçon quels sont ses devoirs par rapport à la patrie, la réponse est souvent hésitante. Rien d'étonnant à l'heure de la terre-patrie où nous mesurons les conséquences de nos actions à l'échelle planétaire au-delà des frontières. Pas de *terra incognita* pour l'homme du XXIe siècle, la planète est son royaume. Mais nous avons tous le devoir de repenser notre réponse quand tant d'êtres humains sur le chemin de l'émigration et de l'exclusion planétaire deviennent des parias, des apatrides de fait ou des citoyens de seconde zone.

Quel humanisme pour le XXIe siècle ?

La façon d'aborder l'humanisme a beaucoup évolué en deux siècles, surtout pour des francs-maçons français dont la culture classique s'est forgée avec une approche de la nature et du monde animal bien différente de ce nous apprennent les dernières découvertes de la science.

La lecture anthropocentrée du monde ne peut servir de base à l'humanisme du XXIe siècle.

Si les humains n'entrent pas dans une démarche responsable holistique face aux grands défis environnementaux et climatiques, nous savons désormais que notre planète et l'univers peuvent continuer à exister sans eux. L'Homme est à considérer comme un élément de l'univers et non comme le maître du monde qui pourrait en piller les ressources sans conséquences pour les autres espèces et pour les générations à venir.

En ce début de XXIe siècle, un nouvel humanisme se crée sous nos yeux, de nouveaux accomplissements de nos vies d'homme et de femme se font jour. D'un côté, la tentation prométhéenne du transhumanisme, de l'autre la découverte d'un humanisme holistique, solidaire de tous les êtres vivants embarqués sur la planète terre, dans un monde global, une terre-patrie où les frontières nationales n'ont pas de sens par rapport à notre destin commun.

À l'heure de la société de l'information, où les penseurs hésitent entre la fin de l'histoire ou le choc des civilisations, quand la tentation transhumaniste veut fusionner l'homme et la machine pour augmenter ses compétences et le rendre un jour immortel, la notion de progrès n'est pas vécue comme au XVIIIe siècle, au temps des devanciers comme Benjamin Franklin et Isaac Newton.

Au sortir d'un XXe siècle sanglant où les idéologies ont échoué, la voie maçonnique spirituelle retrouve force et vigueur. Le socialisme rédempteur s'est révélé une impasse totalitaire, le nationalisme s'est abîmé dans la première guerre mondiale. Le colonialisme, censé apporter les bienfaits de la civilisation et du progrès humain, a été une violence faite à l'autre et un échec conceptuel. La prééminence de la culture n'a pas suffi au peuple allemand à éviter la tragédie nazie. L'homme ne peut rien sans s'ouvrir à une dimension transcendante et la Franc-maçonnerie libérale sociétale – exception française – pourrait avoir atteint les limites de son idéal progressiste volontariste.

Le retour de la philosophie s'impose car il n'existe plus de solution simple dans un monde complexe. C'est justement à ce moment paroxystique de l'histoire de l'humanité que, plus que jamais, la Franc-maçonnerie est une voie nouvelle pour les hommes d'aujourd'hui, car elle répond à des questions essentielles, permanentes de tout homme face à son destin et de l'humanité face à ses responsabilités.

La permanence de la voie initiatique, quelles que soient les civilisations et les époques, l'importance structurante des rites qu'on redécouvre dans l'ouverture à toutes les cultures du monde au-delà de l'héritage judéo-chrétien et gréco-latin qui étaient le seul horizon des francs-maçons du XVIIIe siècle, sont des faits majeurs de notre début de XXIe siècle. Ils prouvent l'universalité et la pérennité de la démarche maçonnique. L'intemporalité et l'universalité de cette démarche résident essentiellement dans son expression sur le mode symbolique et dans son élan spirituel fondé sur un parcours d'apprentissage et une méthode progressive.

Ces francs-maçons épris de spiritualité !

Aujourd'hui la Franc-maçonnerie de Tradition apporte une réponse à l'homme ou à la femme de la société post-moderne qui veut progresser, accomplir pleinement sa vie, mieux se connaître, savoir où sont ses vraies priorités et ne pas être entrainé par les soucis de la vie quotidienne, ses joies et ses peines, comme une brindille par le courant du torrent.

La voie maçonnique lui ouvre une porte sur un mystère, un chemin que chacun parcourt à son rythme, l'important est de ne pas s'arrêter sur le bord de la route, hors d'étapes précises, ni de prendre des raccourcis, car le but est le chemin lui-même.

La question fondamentale de notre origine et de notre finalité reste entière.

Loin des sectarismes et de toutes les positions dogmatiques, la Franc–maçonnerie de Tradition apporte des réponses aux questionnements aux humains de tous pays et de toutes cultures. À l'opposé de l'égocentrisme dominant dans le monde actuel et des injonctions consuméristes, elle nous fait ressentir le besoin des autres, de l'amour, de la famille, de la communauté pour vivre, grandir et s'épanouir.

Elle privilégie, dans une approche éthique, l'individu sans rejeter la collectivité. Conformément aux *Constitutions* d'Anderson, elle fait la promotion d'une morale universelle fondée sur la dignité de l'homme qui requiert la tolérance spirituelle et religieuse. Elle favorise l'émergence d'une métaphysique en harmonie avec l'évolution de la science contemporaine en y réintroduisant la conscience. Elle réintègre l'imaginal dans la vie de l'esprit et fait rentrer le sacré dans la nature et dans nos vies.

Se positionnant au carrefour de la transcendance et de l'immanence, pétrie d'humanisme, éprise de liberté, la Franc-maçonnerie de Tradition ne veut rien imposer à personne. Elle est le résultat de travaux d'ateliers et de réflexions personnelles tirant profit de l'intelligence collective pour constituer un bien commun s'appuyant sur une éthique partagée. Ayant le goût de la recherche symbolique et philosophique à travers l'histoire, elle étudie chacun des systèmes de pensée et ceux qui en sont les messagers, ces porteurs de Lumière qui les ont enrichis par la hauteur de leurs visions et de leurs interprétations. Respectant les idées de tous, elle conduit l'individu, dans un dialogue permanent entre la raison et la passion, à transcender la manifestation pour progresser sur la voie de la connaissance par une quête personnelle de compréhension et d'espoir qui lui permet de refonder sa représentation dans le cosmos. Son entrée progressive dans le monde imaginal l'ouvre aux mystères. Il peut alors s'imprégner de l'immanence et ressentir le Principe indéfinissable, dont ce cosmos est la création, l'émanation et une partie de lui-même.

Le franc-maçon, citoyen du monde

Le franc-maçon d'aujourd'hui est un citoyen du monde. Il doit repenser ses approches et ses interprétations pour mieux intégrer les circuits d'information, les réseaux, les modes de gouvernance dans son comportement et ses méthodes de travail. La tradition n'est pas synonyme d'immobilisme et la modernité n'est pas l'utilisation politicienne des principes.

Il ne doit pas hésiter à prendre parti en le faisant savoir quand les valeurs essentielles sont bafouées, remises en cause ou menacées.

Il s'agit d'affirmer avec courage la foi dans un monde meilleur pour l'homme en sachant dépasser la conjoncture pour revenir à l'essence. Il s'agit de sortir de l'immédiateté pour s'approcher du temps cosmique en participant consciemment, chacun à son niveau, au dessein divin.

C'est toute la différence avec ceux qui, loin des rives de la symbolique et de la métaphysique, s'inféodent à la petite politique des partis ou aux intérêts sectoriels de groupes de pression à la finalité discutable et éphémère. Il faut savoir orienter nos vies et nos comportements dans une vision incarnant l'agir créateur du Grand Architecte pour nous, notre prochain et les générations futures.

La Franc-maçonnerie de Tradition veut contribuer, par l'exemplarité de ses membres et leur pratique de la fraternité, à déconstruire, à l'intérieur comme à l'extérieur de ses temples, cet homme pétri par l'orgueil qui se voit bionique et se proclame maître et possesseur de la nature.

Pour cela, elle invite à quitter un univers d'apparence et de certitudes par l'utilisation du doute constructif pour se forger des convictions dans lesquelles le langage du cœur a plus d'importance que celui de la raison. « Nous nous en sortirons, dit justement Edgar Morin, si nous sortons de la pensée immédiate, compartimentée, binaire, si nous considérons la complexité du monde et la nécessité de prendre conscience de la communauté de destin de toute l'humanité ». Il est temps de faire comprendre que l'homme du XXIe siècle n'est pas un titan, ni un de ces sectateurs de Prométhée, se croyant sans limites dans un monde où les limites sont partout que ce soit en termes de nature, d'égalité ou d'avenir.

C'est par cette pratique, cette communication, cette transmission, c'est par l'exemplarité des comportements des sœurs et des frères dans la vie profane, que la Franc-maçonnerie de Tradition est appelée à affermir son positionnement au centre des idées.

En parachevant la Création par l'apport d'un supplément d'âme, l'initié est porteur de Lumière et éveille les sœurs et les frères humains au « chant secret du monde ».

C'est à cela que l'on reconnaîtra les vrais enfants de la Lumière. ■

II – Paroles de Grandes Loges

Grande Loge de France (GLDF)

Grande Loge Féminine de France (GLFF)

Grande Loge Traditionnelle et Symbolique Opéra (GLTSO)

Grande Loge de l'Alliance Maçonnique Française (GL-AMF)

rendre
l'Homme meilleur
améliorer
la société

La Franc-maçonnerie est universelle dans ses buts et diverse dans ses voies, voies qui sont autant de chemins propres nés de l'histoire et de sensibilités différentes.

La Franc-maçonnerie de Tradition, représentée par de nombreuses Grandes Loges dans le paysage maçonnique français, souhaite faire mieux connaître la diversité de leurs démarches et promouvoir leurs points de convergence :

- *la valeur de l'initiation traditionnelle,*
- *la force de valeurs partagées,*
- *la richesse des rites qu'elles pratiquent.*

Les Grandes Loges réunies dans ce projet commun partagent une large communauté de vues. Elles se confortent et s'enrichissent de leurs échanges au sein du « Pôle Tradition ».

Elles espèrent contribuer ainsi, en France et au-delà, dans le respect de tous, à l'affirmation d'une Franc-maçonnerie résolument spirituelle, ouverte et inscrite dans les enjeux de son temps, une Franc-maçonnerie du cœur et de l'esprit.

Grande Loge de France (GLDF)

8, rue Puteaux – 75017 Paris

- Date de création : 1894
- 950 loges en France et hors hexagone
- 34 000 frères

www.gldf.org

orientation@gldf.org

GRANDE LOGE DE FRANCE

La *Grande Loge de France* est l'obédience française la plus ancienne et la plus importante dans la pratique de la Franc-maçonnerie traditionnelle, initiatique, spiritualiste et humaniste.

Elle est la continuatrice des premières Loges parisiennes de 1728 et de la première Grande Loge constituée à Paris en 1738.

La *Grande Loge de France* a été structurée en sa forme actuelle à Paris le 7 novembre 1894 par la réunification des divers courants de la Maçonnerie dite « écossaise », par référence au rite qu'elle pratique de manière quasi-exclusive, le Rite Ecossais Ancien et Accepté, rite maçonnique le plus pratiqué dans le monde.

Elle se réclame en effet des premières loges spéculatives – et non plus seulement opératives, c'est-à-dire de bâtisseurs d'édifices sacrés – créées en Ecosse et en Irlande dans les ultimes années du XVIème siècle.

Ses loges travaillent à la Gloire du Grand Architecte de l'Univers, principe créateur librement interprétable par chacun, hors de tout dogme. La liberté de conscience de chacun des Frères est au cœur de la démarche initiatique, qui se veut ainsi ouverte et fédératrice.

Comme référence à la pure et authentique tradition maçonnique dont elle entend maintenir le respect, la *Grande Loge de France* a placé en tête de ses propres Constitutions le texte des « Anciennes Obligations », considéré comme la Loi fondamentale de la Franc-maçonnerie universelle.

Elle respecte ainsi strictement les principes fondamentaux de la Franc-maçonnerie traditionnelle :

- l'invocation du Grand Architecte de l'Univers,
- la présence en Loge des trois Grandes Lumières : le Volume de la Loi Sacrée (qui dans ses Loges est la Bible) exposé et ouvert avec l'Equerre et le Compas,
- la souveraineté exclusive sur les grades symboliques,
- l'indépendance de toute structure maçonnique de Hauts Grades,
- la non-mixité dans les travaux rituels,
- la non-immixtion dans les controverses politiques ou religieuses,
- le caractère progressif et spirituel de la démarche initiatique.

Attachée au respect des traditions de la Franc-maçonnerie, la *Grande Loge de France* invite ses membres à la pratique scrupuleuse et sérieuse du Rituel et du Symbolisme en tant que moyens d'accès au contenu initiatique de l'Ordre. Elle affirme la primauté du spirituel sur le temporel.

Mais la *Grande Loge de France* est tout autant attachée au fondement que constitue la fraternité. Celle-ci doit se comprendre non seulement comme le lien qui unit les Francs-maçons entre-eux, mais, au-delà, à tout être humain. Elle dénonce ainsi toute ségrégation, tout ostracisme, et prône le respect de l'Autre, quelle que soit sa différence, quel qu'il soit.

Par les nombreux colloques ou rencontres qu'elle organise, la *Grande Loge de France* étend ses actions dans l'ensemble des domaines qui sont de nature à favoriser l'émancipation progressive et pacifique de l'humanité et améliorer la qualité des rapports entre les hommes.

La *Grande Loge de France* constitue une alliance d'hommes libres, de toutes origines, de toutes nationalités et de toutes croyances.

Puissance maçonnique indépendante et souveraine, la *Grande Loge de France* a pleine autorité sur les trois degrés symboliques traditionnels : Apprenti, Compagnon et Maître.

Elle est régie par des Constitutions, Règlements généraux et Statuts qui définissent son organisation et son fonctionnement tant sur le plan maçonnique que civil. Sa devise se confond avec celle de la République : Liberté - Egalité - Fraternité.

En 2017, la *Grande Loge de France* fédère plus de 950 Loges, rassemblant près de 34 000 Frères. ■

Grande Loge Féminine de France (GLFF)

6, Bd du Général Leclerc – 92110 Clichy

- Date de création : 1945
- 450 loges en France et hors hexagone
- plus de 14 000 sœurs

www.glff.org

mary@glff.org

GRANDE LOGE FÉMININE DE FRANCE

En initiation, dans un espace-temps sacré, l'autre, ma sœur, me fait Franc-maçonne. Sur le chemin initiatique, je progresse et m'appuie sur mes deux jambes, celle de mon individualité et celle de ma présence à l'autre.

Quelle joie de se dire qu'il existe des femmes franc-maçonnes qui se rassemblent pour chercher, ensemble, un sens à leur vie !

Quelle espérance de savoir qu'elles se réunissent pour trouver la force de balayer les apparences avec pour seul guide, la quête de la Vérité !

Quel message de paix pour l'humanité que ces femmes qui s'efforcent d'adopter un comportement digne et éclairé pour rayonner !

La *Grande Loge Féminine de France*, obédience exclusivement féminine, réaffirme que là où la femme est libre de penser et d'agir, d'afficher son essentiel féminin, les peuples sont libres aussi.

Les Sœurs de la *Grande Loge Féminine de France* ne vivent pas la sphère initiatique comme un espace et un temps où l'individu serait désincarné. En initiation, la démarche tout à la fois intimiste et collective, se construit sur des piliers de joie complice, de force confiante et de sagesse transmise en harmonie avec un capital collectif féminin qui nous dépasse et nous constitue. Un ressenti commun féminin, indicible et puissant.

Hier comme aujourd'hui, la *Grande Loge Féminine de France* offre à ses membres un espace sans enjeux de pouvoir ou de suprématie afin de pouvoir oser penser, s'exprimer, échanger.

Les femmes qui rejoignent la *Grande Loge Féminine de France* s'engagent sur un chemin philosophique et spirituel authentique et intime, dans une démarche humaniste.

Elles étudient les divers courants de pensées qui ont façonné les êtres en quête d'un sens à donner à leur existence.

Le partage entre femmes, avec leurs différences et les confrontations fécondes qui en découlent, permet d'accéder à une meilleure compréhension de soi et du monde.

Réfléchir sur soi, contribuer à construire une société harmonieuse, équitable, responsable, fondée sur des valeurs de liberté, de tolérance, de respect de l'autre et de soi-même, telles sont les raisons de devenir franc-maçonne.

La démarche philosophique, initiatique et humaniste des Franc-maçonnes de la *Grande Loge Féminine de France* est laïque. Elles s'engagent sans distinction pour l'égalité des droits et des devoirs de tous les êtres humains. Elles veillent particulièrement à la défense des droits des femmes car elles savent bien qu'ils ne sont jamais définitivement acquis !

Riches de nos différences, nous, femmes franc-maçonnes, nous voulons être force d'évolution et de proposition. Nous espérons un monde de paix, un monde où la liberté absolue de conscience sera la règle, où le respect de l'autre sera une évidence.

Parce que nous sommes des initiées, parce que nous portons cette lumière reçue le jour de notre initiation, nous pourrons trouver les paroles et les actes qui nous permettront de rayonner.

S’engager à la GLFF c’est :

• Participer, dans un ordre initiatique, à la recherche constante et sans limite de la vérité et de la justice, dans le respect d’autrui, afin de contribuer au perfectionnement de l’humanité,

• Travailler à l’amélioration matérielle, spirituelle, morale et sociale de l’humanité tout entière,

• Proclamer un indéfectible attachement au principe de laïcité qui garantit la liberté absolue de conscience et permet aux citoyennes et aux citoyens de vivre en paix une communauté de destin,

• Prendre la responsabilité de transmettre les outils et valeurs reçues, mais également d’œuvrer dans la cité pour bâtir une société plus consciente, plus fraternelle, plus juste,

• Être particulièrement attentive à la promotion des femmes, au respect de leurs droits et de leur dignité,

• Porter haut un message d’espérance et d’amour.

La *Grande Loge Féminine de France* est ouverte à toutes les femmes susceptibles de recevoir l’initiation, sans distinction de nationalité et de culture. Nous sommes femmes de toutes origines, de toutes confessions et de tous milieux professionnels. Entrer à la GLFF c’est se mettre en marche en empruntant un chemin d’ouverture. ■

Grande Loge Traditionnelle et Symbolique Opéra (GLTSO)

9, place Henri Barbusse – 92300 Levallois-Perret

- Date de création : 1958
- 250 loges en France et hors hexagone
- 4 600 frères

www.gltso.org

contact@gltso.org

GRANDE LOGE TRADITIONNELLE ET SYMBOLIQUE OPÉRA

La *Grande Loge Traditionnelle et Symbolique Opéra*, obédience masculine, est fondée sur les principes suivants :

- La volonté de s'inscrire pleinement dans la vocation universaliste de la Franc-maçonnerie en travaillant à en faire le « centre de l'union » ;
- Le respect et l'approfondissement des apports de la tradition et la mission de les transmettre ;
- Le travail sur la richesse symbolique de ses rituels au service du perfectionnement moral et spirituel de ses membres ;
- Une absolue liberté de conscience en matière de religion et de croyance.

L'Ordre maçonnique est « un ordre initiatique qui se consacre au perfectionnement moral et spirituel de ses membres, à la pratique de l'amour fraternel et à la recherche d'une amélioration de la condition de l'homme ».
La « Tradition » dont nous nous réclamons est la Tradition Primordiale conçue comme une volonté de chercher la lumière par une illumination intérieure et de la transmettre par l'exemplarité.

Nous exprimons très rarement nos opinions sur des supports publics car nous pensons que notre travail maçonnique porte plus sur l'enrichissement et le développement spirituel de chacun de nos Frères que sur des interventions de nature politique. Il est rappelé par certains de nos rituels, à la clôture des travaux : « Mes chers Frères, allez donc en paix jouir du repos que le travail vous a mérité et portez parmi les autres hommes les vertus dont vous avez promis de donner l'exemple... », ce qui est l'expression d'une responsabilité individuelle.

La *Grande Loge Traditionnelle et Symbolique Opéra* est née en 1958 d'une scission d'avec la *Grande Loge Nationale Française*. Depuis plusieurs années, en effet les Frères qui y pratiquaient le Rite Ecossais Rectifié vivaient mal des tracasseries dont ils faisaient l'objet, lesquelles dissimulaient à peine un antagonisme très prononcé et un désir facilement discernable de ne laisser à leur rite qu'un minimum de chance pour son développement. En outre, un désir d'ouverture vers les obédiences françaises non reconnues par la *Grande Loge Unie d'Angleterre* se faisait jour.

Lors de la Tenue de Grande Loge du 22 février 1958, une trentaine de grands officiers et sept loges se désolidarisèrent de la GLNF du 65 boulevard Bineau à Neuilly, pour créer une nouvelle obédience. Ayant son siège dans les locaux du Cercle Républicain, avenue de l'Opéra à Paris, ceci la fit bientôt désigner comme « GLNF- Opéra ». Cette appellation perdura jusqu'en 1982, date à laquelle notre obédience changea de nom pour adopter celui qu'elle porte aujourd'hui.

Le 2 octobre 1958 la « GLNF – Opéra » diffuse donc un manifeste sous le titre :

« Fraternité humaine – Universalisme »
« Le Maçon libre dans la Loge libre »

Cette formule ne s'entend qu'avec l'observation d'une certaine discipline librement consentie par tous, dans le respect des formes traditionnelles, des opinions diverses, avec la volonté effective d'une mutuelle compréhension et un esprit résolument constructif.

Dans ce cadre notre obédience a signé, le 1er juin 1965 un « Traité d'Alliance Fraternelle » avec la *Grande Loge de France* et avec le *Grand Orient de France*. Depuis cette date plusieurs accords inter-obédientiels ont été signés, notamment avec la GLFF le 30 mars 2006 et avec la GL-AMF le 27 février 2016.
Préalablement à la signature de l'accord avec la GLFF, il a été adopté par le Convent une modification de nos règlements permettant de recevoir dans nos loges des sœurs, lors de travaux symboliques. Cette disposition n'est pas de portée systématique mais a constitué pour nous une avancée significative.

Notre obédience, créée autour du Rite Écossais Rectifié, a accueilli assez tôt les Rite Français et Anglais style Emulation, puis plus tardivement les Rites d'York, REAA et Standard d'Ecosse. Elle est donc une fédération de loges et de rites.

Elle est composée à ce jour d'environ 250 loges et 4 600 frères dont 60% environ travaillent au RER. ■

GRANDE LOGE DE L'ALLIANCE MAÇONNIQUE FRANÇAISE

GL-AMF

Grande Loge de l'Alliance Maçonnique Française (GL-AMF)

8, rue Gesnouin – 92110 Clichy

- Date de création : 2012
- 690 loges en France et hors hexagone
- 15 000 frères

www.gl-amf.fr

gs@gl-amf.net

GRANDE LOGE DE L'ALLIANCE MAÇONNIQUE FRANÇAISE

Créée au printemps 2012, la *Grande Loge de l'Alliance Maçonnique Française* s'inscrit dans le courant de la Franc-maçonnerie de Tradition dont elle partage les fondements et les valeurs.

La Maçonnerie traditionnelle, l'une des principales voies initiatiques de notre temps, est certainement le lieu où peut se révéler et s'épanouir une spiritualité qui permet à chacun d'atteindre à l'universel sans renier sa propre famille de pensée.

Aux contemporains en quête de spiritualité qui la rejoignent, elle propose

- de vivre un parcours initiatique dans une fraternité de travail et de pèlerinage,
- de trouver un idéal maçonnique centré sur l'« être » et non le « paraître »,
- de pratiquer des rites qui ouvrent et jalonnent la voie de la Connaissance.

L'Alliance a une personnalité particulière qui tient sans doute à sa jeunesse en tant qu'institution.

Elle réunit, autour d'un idéal commun, des hommes libres ne relevant que de leur conscience. Respectueux de la liberté de pensée d'autrui et de leur idéal propre, ils s'interdisent strictement dans leurs assemblées toute discussion politique, religieuse ou sociétale.

Pour quelles raisons choisit-on un jour d'entrer en Franc-maçonnerie ?

Sans doute pour trouver la réponse aux questions qui souvent nous assaillent et qui, toutes, évoquent celles de notre présence au monde et celles du sens de la vie.

La Loge est d'abord le lieu privilégié où chacun peut se connaître, se transformer et se dépasser.
Le travail en Loge vise au perfectionnement de ses membres. C'est un travail qui s'effectue sans dogmatisme ni maîtres-à-penser, utilisant le langage universel des symboles et des mythes, travail qui se fait progressivement, au rythme de chacun.

L'initiation impose d'emblée une recherche sur soi, suivant en cela le célèbre précepte inscrit sur le fronton du temple de Delphes : « *gnôthi seauton* », « *Connais-toi toi-même et tu connaîtras l'Univers et les Dieux »,* que Socrate avait pris pour devise. Se connaître c'est travailler sur soi, sans complaisance, au sein de la communauté fraternelle de la Loge.

La Loge est ensuite un lieu d'Harmonie. Elle permet de rassembler ce qui est épars, dans une dialectique subtile qui caractérise la démarche maçonnique, en proposant un cheminement éclairé pour construire le Temple idéal. *« L'Harmonie est un état de grâce, une alchimie qui réunit ce qui oppose l'esprit et le corps, l'élévation de l'âme et les « passions tristes », la béatitude et les limbes, la lumière et l'ombre ».*

Lieu de solidarité active, enfin, la Loge rend ses membres plus aptes à s'engager dans le monde.

La Maçonnerie est fraternité en actes, elle apprend à ne pas se contenter d'intentions ou d'incantations ; elle attend des réalisations, individuelles et collectives, pour mettre en pratique les valeurs de la fraternité universelle.

Les rites maçonniques assurent quant à eux la cohérence de la démarche initiatique ; leur pluralité qui est source d'échanges fructueux et enrichissants, correspond à la sensibilité de chacun.

La GL-AMF pratique six rites qui offrent une grande diversité de voies de réalisation personnelle :

- le Rite Ecossais Ancien et Accepté (REAA)
- le Rite Français (RF)
- le Rite Ecossais Rectifié (RER)
- le Rite Standard d'Ecosse (RSE)
- le Rite Emulation (RE)
- le Rite York (RY)

Les 15 000 Frères et les quelque 700 Loges de *L'Alliance* sont là pour témoigner de cette Maçonnerie de Tradition qui leur a tant apporté ... et qui reste à construire chaque jour. ■

III – Textes fondateurs

Les textes sont nombreux qui fondent la Franc-maçonnerie de Tradition.

Les trois textes proposés ici ont été retenus pour leur importance historique et leur influence.

I - *Constitutions* d'Anderson - 1723

- Obligations d'un Franc-maçon

II - *Discours* de Ramsay - 1738

- Des qualités requises pour devenir franc-maçon et des buts que se propose l'Ordre

III - Convent de Lausanne de 1875

- Manifeste du Convent de Lausanne
- Déclaration de Principes

CONSTITUTIONS D'ANDERSON - 1723

Les Constitutions *d'Anderson peuvent être considérées comme la loi fondamentale de la Franc-maçonnerie moderne.*

Elles ont été rédigées en 1721 par le révérend James Anderson, pasteur presbytérien, docteur en théologie, en collaboration avec Jean-Théophile Désaguliers, huguenot, fils d'un pasteur de la Rochelle émigré en Angleterre.
Leur première édition date de 1723.

Elles décrivent aussi bien les « Devoirs » ou « Obligations » du franc-maçon que l'organisation des Loges et de la Grande Loge ainsi que le règlement général de la première obédience.

Les Constitutions *d'Anderson ont connu divers remaniements dans l'édition de 1738, portant notamment sur l'article 1er « Dieu et la religion », avant d'être reprises dans les Constitutions de la* Grande Loge Unie d'Angleterre *de 1813.*

« Un Maçon est obligé d'obéir à la Loi morale et s'il comprend bien l'Art, il ne sera jamais un athée stupide, ni un libertin irréligieux. »

I. De Dieu et de la religion

*(*voir ci-dessous les rédactions de cet article en 1738 et 1813)*

« Un Maçon est obligé, par sa condition, d'obéir à la Loi morale et s'il comprend bien l'Art, il ne sera jamais un athée stupide, ni un libertin irréligieux. Mais bien qu'aux temps anciens les Maçons fussent tenus en tout pays d'appartenir à la religion de ce pays ou de cette nation, quelle qu'elle fût, on estime cependant, maintenant, plus convenable de ne leur imposer que cette religion sur laquelle tous les hommes sont d'accord, et de les laisser libres de leurs opinions particulières : c'est-à-dire, être des hommes bons et loyaux, ou hommes d'honneur et de probité, quelles que soient les dénominations et croyances qui puissent les distinguer. Ainsi, la Maçonnerie devient le centre d'union et le moyen de promouvoir la véritable amitié entre des personnes qui eussent dû rester perpétuellement séparées.

II. De la Magistrature civile

Un Maçon est pour les pouvoirs civils un paisible sujet, où qu'il réside ou travaille, et ne doit jamais être impliqué dans des complots et conspirations contre la paix et le bien-être de la nation, ni se conduire irrespectueusement à l'égard des magistrats subalternes. Alors que la guerre, l'effusion de sang et la confusion ont toujours nui à la Maçonnerie, les anciens Rois et Princes ont toujours été fort enclins à encourager les artisans à cause de leur calme et leur loyauté. C'est ainsi qu'ils répondirent pratiquement aux chicanes de leurs adversaires et servirent l'honneur de la Confrérie, qui a toujours prospéré en temps de paix. Si bien que si un Frère se rebellait contre l'État, il ne doit pas être soutenu dans sa rébellion, bien qu'il puisse être cependant pris en pitié comme un homme malheureux. Et s'il n'est convaincu d'aucun autre crime, la loyale fraternité doit désavouer sa rébellion, mais ne doit point porter ombrage au gouvernement du moment ni lui donner un motif de jalousie politique. On ne peut l'exclure de la Loge et ses relations avec elle demeurent imprescriptibles.

III. Des Loges

Une Loge est un endroit où s'assemblent et travaillent les Maçons. Cette assemblée, ou société de maçons dûment organisée, est nommée Loge, et chaque Frère doit appartenir à l'une d'elles et se soumettre à ses statuts et aux règlements généraux.(...)

Les personnes admises comme membres d'une Loge doivent être des hommes bons et loyaux, nés libres, d'un âge mûr et discret, ni serfs, ni femmes, ni hommes immoraux et scandaleux, mais de bonne réputation.

IV. Des Vénérables, Surveillants, Compagnons et Apprentis

Tout avancement parmi les Maçons n'est fondé que sur la valeur réelle et le seul mérite personnel, afin que les seigneurs soient bien servis, les Frères non humiliés, et que l'Ordre royal ne soit point méprisé. En conséquence, aucun Vénérable ou Surveillant n'est choisi pour l'ancienneté, mais pour son mérite. Il est impossible de décrire ces choses par écrit, et chaque Frère doit jouer son rôle et apprendre tout cela d'une manière particulière à cette Confrérie. Seuls les candidats peuvent savoir qu'aucun Vénérable ne saurait prendre un Apprenti s'il n'a pour lui un emploi suffisant, et à condition qu'il soit un jeune homme accompli : il ne doit avoir aucune mutilation ou défaut en son corps qui puissent le rendre incapable d'apprendre l'Art ou de servir le Seigneur de son Vénérable, d'être initié comme Frère, puis, le moment venu, comme Compagnon, lorsqu'il a servi tel nombre d'années prescrit par la coutume du Pays. Il doit aussi descendre de parents honnêtes, pour qu'ainsi il puisse atteindre — lorsqu'il sera autrement qualifié — à l'honneur d'être Surveillant, puis Vénérable de la Loge, puis Grand Surveillant, et enfin, selon son Mérite, Grand Maître de toutes les Loges. (...) »

D'après le site www.reunir.free.fr

■ Article 1 en 1738

(Le texte de cet article a été modifié lors de la transformation de la Grande Loge de Londres *en* Grande Loge d'Angleterre)

« Un maçon est obligé par sa tenure d'obéir à la loi morale en tant que véritable noachite et s'il comprend bien le métier, il ne sera jamais un athée stupide, ni un libertin irréligieux, ni n'agira à l'encontre de sa conscience.

Dans les temps anciens, les maçons chrétiens étaient tenus de se conformer aux coutumes chrétiennes de chaque pays où ils voyageaient.

Mais la maçonnerie existant dans toutes les nations, même de religions diverses, ils sont maintenant tenus d'adhérer à cette religion sur laquelle tous les hommes sont d'accord (laissant à chaque frère ses propres opinions) c'est-à-dire être hommes de bien et loyaux, hommes d'honneur et de probité, quels que soient les noms, religions ou confession qui aident à les distinguer : car tous s'accordent sur les trois articles de Noé assez pour préserver le ciment de la Loge.

Ainsi la maçonnerie est leur centre de l'union et l'heureux

moyen de concilier des personnes qui, autrement, n'auraient pu que rester perpétuellement étrangères. »

Cette rédaction ne fait plus référence au christianisme mais au noachisme, considéré comme la religion naturelle s'adressant à l'ensemble de l'humanité, par-delà tout particularisme confessionnel, dans l'esprit des Lumières.

■ Texte de 1813

(Texte repris dans les Constitutions de la Grande Loge Unie d'Angleterre*)*

« Un maçon est obligé, de par sa tenure, d'obéir à la loi morale et s'il comprend bien l'Art, il ne sera jamais un athée stupide ni un libertin irréligieux.

De tous les hommes, il doit le mieux comprendre que Dieu voit autrement que l'homme car l'homme voit l'apparence extérieure alors que Dieu voit le cœur.

Un maçon est par conséquent particulièrement astreint à ne jamais agir à l'encontre des commandements de sa conscience.

Quelle que soit la religion de l'homme ou sa manière d'adorer, il n'est pas exclu de l'Ordre, pourvu qu'il croie au glorieux Architecte du ciel et de la terre et qu'il pratique les devoirs sacrés de la morale.

Les maçons s'unissent aux hommes vertueux de toutes les croyances dans le lien solide et agréable de l'amour fraternel, on leur apprend à voir les erreurs de l'humanité avec compassion et à s'efforcer, par la pureté de leur propre conduite, de démontrer la haute supériorité de la foi particulière qu'ils professent... » ■

DISCOURS DE RAMSAY - 1738

Le « Discours de Ramsay » est considéré comme un texte fondamental de la tradition maçonnique française d'inspiration humaniste et spiritualiste.

Écrit en décembre 1736 par Andrew Michael Ramsay, dit chevalier de Ramsay, ce texte a connu une forte postérité.

Il comprend deux parties : la première, inspirée d'humanisme et d'universalisme, lance un appel à constituer une vaste encyclopédie des arts et fait un plaidoyer passionné en faveur du rôle universel de la Franc-maçonnerie ; la seconde esquisse les grandes lignes d'une Maçonnerie écossaise héritière des ordres chevaleresques et des croisades.

Le Discours de Ramsay a eu une forte influence sur le développement des hauts-grades maçonniques à la fin du XVIIIe siècle.

« Le monde entier n'est qu'une grande République dont chaque nation est une famille et chaque particulier un enfant. »

DES QUALITÉS REQUISES POUR DEVENIR FRANC-MAÇON ET DES BUTS QUE SE PROPOSE L'ORDRE

« La noble ardeur que vous montrez, Messieurs, pour entrer dans le très ancien et très illustre ordre des Francs-maçons est une preuve certaine que vous possédez déjà toutes les qualités requises pour en devenir les membres. Ces qualités sont la philanthropie sage, la morale pure, le secret inviolable et le goût des beaux-arts.

La philanthropie ou amour de l'humanité

(...) Les hommes ne sont pas distingués essentiellement par la différence des langues qu'ils parlent, des habits qu'ils portent, des pays qu'ils occupent, ni des dignités dont ils sont revêtus. Le monde entier n'est qu'une grande République dont chaque nation est une famille et chaque particulier un enfant.

C'est pour faire revivre et répandre ces anciennes maximes prises dans la nature de l'homme que notre Société fut établie.

Nous voulons réunir des hommes d'un esprit éclairé et d'une humeur agréable non seulement par l'amour des beaux-arts, mais encore plus par les grands principes de vertu, où l'intérêt de la confraternité devient celui du genre humain entier, où toutes les nations peuvent puiser des connaissances solides et où tous les sujets des différents royaumes peuvent conspirer sans jalousie, vivre sans discorde et se chérir mutuellement sans renoncer à leur patrie.

Nos ancêtres, les Croisés, rassemblés de toutes les parties de la chrétienté dans la Terre sainte, voulurent réunir ainsi dans une seule confraternité les sujets de toutes les nations. Quelle obligation n'a-t-on pas à ces hommes supérieurs qui, sans intérêt grossier, sans écouter l'envie naturelle de dominer, ont imaginé un établissement dont le but unique est la réunion des esprits et des cœurs, pour les rendre meilleurs et former dans la suite des temps une nation spirituelle où, sans déroger aux devoirs que la différence des états exige, on créera un peuple nouveau qui, en tenant de plusieurs nations, les cimentera toutes en quelque sorte par les liens de la vertu et de la science.

La saine morale

La saine morale est la seconde disposition requise dans notre société. Les ordres religieux furent établis pour rendre les hommes chrétiens parfaits ; les ordres militaires, pour inspirer l'amour de la belle gloire ; l'Ordre des Francs-maçons fut institué pour former des hommes et des hommes aimables, des bons citoyens et des bons sujets, inviolables dans leurs promesses, fidèles adorateurs du dieu de l'amitié, plus amateurs de la vertu que des récompenses.

Ce n'est pas que nous nous bornions aux vertus purement civiles.

Nous avons parmi nous trois espèces de confrères, des Novices ou des Apprentis, des Compagnons ou des Profès, des Maîtres ou des Parfaits. Nous expliquons aux premiers les vertus morales et philanthropes, aux seconds, les vertus héroïques, aux derniers, les vertus surhumaines et divines. De sorte que notre institut renferme toute la philosophie des sentiments et toute la théologie du cœur. (...)

Comme une philosophie sévère, sauvage, triste et misanthrope dégoûte les hommes de la vertu, nos ancêtres, les Croisés, voulurent la rendre aimable par l'attrait des plaisirs innocents, d'une musique agréable, d'une joie pure, et d'une gaieté raisonnable. Nos sentiments ne sont pas ce que le monde profane et l'ignorant vulgaire s'imaginent. Tous les vices du cœur et de l'esprit en sont bannis, et l'irréligion et le libertinage, l'incrédulité et la débauche. (…)

Ici l'amour de tous les désirs se fortifie. Nous bannissons de nos Loges toute dispute qui pourrait altérer la tranquillité de l'esprit, la douceur des mœurs, les sentiments de l'amitié. (…)

Les obligations que l'ordre vous impose sont de protéger vos confrères par votre autorité, de les éclairer par vos lumières, de les édifier par vos vertus, de les secourir dans leurs besoins, de sacrifier tout ressentiment personnel et de rechercher tout ce qui peut contribuer à la paix, à la concorde et à l'union de la société.

Le secret

Nous avons des secrets ; ce sont des signes figuratifs et des paroles sacrées, qui composent un langage tantôt muet et tantôt très éloquent, pour reconnaître nos confrères de quelque langue ou quelque pays qu'ils soient. (…)

Nos loges sont établies et se répandent aujourd'hui dans toutes les nations policées et cependant dans une si nombreuse multitude d'hommes, jamais aucun confrère n'a trahi nos secrets. Les esprits les plus légers, les plus indiscrets et les moins instruits à se taire, apprennent cette grande science dès qu'ils entrent dans notre société. Ce secret inviolable contribue puissamment à lier les sujets de toutes les Nations et à rendre la communication des bienfaits facile et mutuelle entre eux.

Le goût des sciences et des arts libéraux

La quatrième qualité requise pour entrer dans notre Ordre est le goût des sciences utiles et des arts libéraux de toutes les espèces ; ainsi l'ordre exige de chacun de vous, de contribuer par sa protection, par sa libéralité ou par son travail à un vaste ouvrage auquel nulle académie et nulle Université ne peuvent suffire, parce que toutes les sociétés particulières étant composées d'un très petit nombre d'hommes, leur travail ne peut embrasser un objet aussi immense.

De cette façon on réunira les lumières de toutes les nations dans un seul ouvrage qui sera comme une Bibliothèque universelle de tout ce qu'il y a de beau, de grand, de lumineux, de solide et d'utile dans toutes les sciences naturelle et dans tous les arts nobles. Cet ouvrage augmentera chaque siècle, selon l'augmentation des lumières. »

ORIGINE ET HISTOIRE DE L'ORDRE

La légende et l'histoire

« Chaque famille, chaque République et chaque Empire dont l'origine est perdue dans une antiquité obscure a sa fable et a sa vérité, sa légende et son histoire, sa fiction et sa réalité. Quelques-uns font remonter notre institution jusqu'au temps de Salomon, de Moïse, des Patriarches, de Noë même. Quelques autres prétendent que notre fondateur fut Enoch qui bâtit la première ville et l'appela de son nom.

Je passe rapidement sur cette origine fabuleuse pour venir à notre véritable histoire.

Voici donc ce que j'ai pu recueillir dans les très anciennes annales de l'histoire de la Grande-Bretagne, dans les actes du Parlement d'Angleterre, qui parlent souvent de nos privilèges, et dans la tradition vivante de la nation britannique, qui a été le centre et le siège de notre confraternité depuis l'onzième siècle.

- Du temps des guerres saintes dans la Palestine, plusieurs Princes, seigneurs et citoyens entrèrent en Société, firent vœu de rétablir les temples des chrétiens dans la Terre sainte et s'engagèrent par serment à employer leurs talents et leurs biens pour ramener l'Architecture à primitive institution.(...)

Quelques temps après, notre Ordre s'unit intimement avec les Chevaliers de St Jean de Jérusalem. Dès lors et depuis nos Loges portèrent le nom de Loges de St Jean dans tous les pays.

- Les Rois, les Princes et les Seigneurs, en revenant de la Palestine dans leurs pays y établirent des Loges différentes.

Du temps des dernières Croisades on voit déjà plusieurs Loges érigées en Allemagne, en Italie, en Espagne, en France et de là en Ecosse, à cause de l'intime alliance qu'il y eut alors entre ces deux Nations.

Jacques Lord Steward d'Ecosse fut Grand Maître d'une Loge établie à Kilwinnen dans l'ouest d'Ecosse en l'an 1286. (...)

Peu à peu nos Loges, nos fêtes et nos solennités furent négligées dans la plupart des pays où elles avoient été établies. De là vient le silence des historiens de presque tous les Royaumes sur notre Ordre, hors ceux de la Grande-Bretagne. Elles se conservèrent néanmoins dans toute leur splendeur parmi les Ecossois, à qui nos Rois confièrent pendant plusieurs siècles la garde de leur sacrée personne.

- Après les déplorables traverses des croisades, le dépérissement des armées chrétiennes pendant la huitième et dernière croisade, le Fils d'Henry III Roi d'Angleterre, le grand prince Edouard voyant qu'il n'avait plus de sûreté pour ses confrères dans la Terre sainte, quand les troupes chrétiennes s'en retiraient, les ramena tous et cette colonie de frères s'établit ainsi en Angleterre. Comme ce Prince était doué de toutes les qualités du cœur et de l'esprit qui forment les héros, il se déclara protecteur de notre Ordre, lui accorda plusieurs privilèges et franchises et, dès lors, les membres de cette confraternité prirent le nom de Francs-maçons. Depuis ce temps, la Grande-Bretagne devint le siège de notre science, conservatrice de nos lois et dépositaire de nos secrets. Les fatales discordes de religion qui embrasèrent et déchirèrent l'Europe dans le seizième siècle, firent dégénérer notre ordre de la grandeur et de la noblesse de son origine.

Régénération et avenir de l'Ordre en France

C'est ainsi que plusieurs de nos confrères oublièrent l'esprit de nos lois et n'en conservèrent que la lettre et l'écorce. Notre grand maître, dont les qualités respectables surpassent encore la naissance distinguée, veut que l'on rappelle tout à sa première institution, dans un Pays où la religion et l'État ne peuvent que favoriser nos Lois.

Des Iles Britanniques, l'antique science commence à repasser dans la France sous le règne du plus aimable des Rois, dont l'humanité fait l'âme de toutes les vertus.

Dans ces temps heureux où l'amour de la paix est devenu la vertu des héros, la nation la plus spirituelle de l'Europe deviendra le centre de l'Ordre ; elle répandra sur nos ouvrages, nos statuts et nos mœurs, les grâces, la délicatesse et le bon goût, qualités essentielles dans un Ordre, dont la base est la sagesse, la force et la beauté du génie. C'est dans nos Loges à l'avenir, comme dans des Écoles publiques, que les François verront, sans voyager, les caractères de toutes les nations et c'est dans ces mêmes Loges que les étrangers apprendront que la France est la vraie Patrie de tous les Peuples. *Patria gentis humanae.* » ■

CONVENT DE LAUSANNE DE 1875

Du 6 au 22 septembre 1875 se tint à Lausanne, à l'initiative du Suprême Conseil de France*, un « Convent universel » des Suprêmes Conseils, destiné à resserrer l'unité du Rite Ancien et Accepté et à réviser les* Grandes Constitutions *de 1786.*

Le Convent accomplit une œuvre considérable.

Il mit à jour les Grandes Constitutions*, élabora une* Déclaration de Principes, un Traité d'alliance et de confédération*, adopta le* Tuileur *du Rite écossais en vigueur en France depuis 1821.*

Enfin, dans son ultime séance, il adopta à l'unanimité un Manifeste *qui exprimait avec mesure la réaction de l'Ecossisme aux attaques des ennemis de l'Ordre.*

Ce texte qui proclame l'existence d'un « principe créateur, sous le nom de Grand Architecte de l'Univers », en ouvrant très clairement les portes de la franc-maçonnerie aux déistes, fut à l'origine de nombreuses controverses.

« La Franc-maçonnerie proclame l'existence d'un principe créateur, sous le nom de Grand Architecte de l'Univers.»

Manifeste du Convent de Lausanne

« Depuis trop longtemps, et dans ces derniers temps surtout, la Maçonnerie a été l'objet des plus injurieuses attaques.

Au moment où le Convent, après examen attentif des anciennes constitutions du Rite écossais ancien et accepté, conservant avec un religieux respect les sages dispositions qui le protègent et le perpétuent, délivre la Maçonnerie de vaines entraves et veut la pénétrer de plus en plus du souffle de liberté qui anime notre époque ; au moment où sur des bases inébranlables, il sanctionne une intime alliance entre les Maçons du monde entier, le Convent ne peut se séparer sans répondre par une éclatante manifestation à de déplorables calomnies et à d'énergiques anathèmes.

Avant tout, aux hommes qui, pour se présenter à la Franc-maçonnerie, veulent connaître ses principes, elle les proclame par la déclaration suivante, qui est son programme officiel et dont les expressions ont été arrêtées par le Convent. »

Déclaration de Principes

« La Franc-maçonnerie proclame, comme elle a proclamé dès son origine, l'existence d'un principe créateur, sous le nom de Grand Architecte de l'Univers.

Elle n'impose aucune limite à la recherche de la vérité, et c'est pour garantir à tous cette liberté qu'elle exige de tous la tolérance.

La Franc-maçonnerie est donc ouverte aux hommes de toute nationalité, de toute race, de toute croyance.

Elle interdit dans les Ateliers toute discussion politique et religieuse, elle accueille tout profane quelles que soient ses opinions en politique et en religion, dont elle n'a pas à se préoccuper, pourvu qu'il soit libre et de bonnes moeurs.

La Franc-maçonnerie a pour but de lutter contre l'ignorance sous toutes ses formes ; c'est une école mutuelle dont le programme se résume ainsi : obéir aux lois de son pays, vivre selon l'honneur, pratiquer la justice, aimer son semblable, travailler sans relâche au bonheur de l'humanité et poursuivre son émancipation progressive et pacifique. Voilà ce que la Franc-maçonnerie adopte et veut faire adopter à ceux qui ont le désir d'appartenir à la famille maçonnique.

Mais à côté de cette déclaration de principes, le Convent a besoin de proclamer les doctrines sur lesquelles la Maçonnerie s'appuie ; il veut que chacun les connaisse.

Pour relever l'homme à ses propres yeux, pour le rendre digne de sa mission sur terre, la Maçonnerie pose en principe que le Créateur suprême a donné à l'homme, comme bien le plus précieux, la liberté ; la liberté, patrimoine de l'humanité tout entière, rayon d'en-haut qu'aucun pouvoir n'a le droit d'éteindre ni d'amortir et qui est source des sentiments d'honneur et de dignité.

Depuis la préparation au premier grade, jusqu'à l'obtention du grade le plus élevé de la Maçonnerie écossaise, la première condition sans laquelle rien n'est accordé à l'aspirant, c'est une réputation d'honneur et de probité incontestée.

Aux hommes pour qui la religion est la consolation suprême, la Maçonnerie dit : Cultivez votre religion sans obstacle, suivez les inspirations de votre conscience ; la Franc-maçonnerie n'est pas une religion, elle n'est pas un culte ; aussi elle veut l'instruction laïque, sa doctrine est toute entière dans cette belle prescription : "Aime ton prochain".

A ceux qui redoutent avec tant de raison les dissensions politiques, la Maçonnerie dit : Je proscris de mes réunions toute discussion, tout débat politique ; sois pour ta patrie un serviteur fidèle et dévoué, tu n'as aucun compte à nous rendre. L'amour de la patrie s'accorde d'ailleurs si bien avec la pratique de toutes les vertus !

On a accusé la Maçonnerie d'immoralité ! Notre morale, c'est la morale la plus pure, la plus sainte ; elle a pour base la première de toutes les vertus : l'humanité. Le vrai Maçon fait le bien, il étend sa sollicitude sur les malheureux, quels qu'ils soient, dans la mesure de sa propre situation. Il ne peut donc que repousser avec dégoût et mépris l'immoralité.

Tels sont les fondements sur lesquels repose la Franc-maçonnerie et qui assurent à tous les membres de cette grande famille l'union la plus intime ; quelle que soit la distance qui sépare les divers pays qu'ils habitent, c'est entre eux tous, l'amour fraternel. Et qui peut mieux attester cette vérité que la réunion même de notre Convent ?

Inconnus les uns des autres, venant des pays les plus divers, à peine avions-nous échangé les premières paroles de bienvenue que déjà l'union la plus intime régnait entre nous ; les mains se serraient fraternellement et c'est au sein de la plus touchante concorde que nos résolutions les plus importantes ont été prises d'un assentiment unanime.

Francs-maçons de toutes les contrées, citoyens de tous les pays, voilà les préceptes, voilà les lois de la Franc-Maçonnerie, voilà ses mystères. Contre elle les efforts de la calomnie demeurent impuissants et ses injures resteront sans écho ; marchant pacifiquement de victoire en victoire, la Franc-maçonnerie étendra chaque jour son action morale et civilisatrice. » ■

pôle

Tradition

Le projet d'éditer un ouvrage présentant la démarche spirituelle et humaniste de la Franc-maçonnerie de Tradition a été décidé par les quatre Grandes Loges qui se rencontrent et dialoguent au sein du « Pôle Tradition » représentées par leur Grand Maître :

Marie-Thérèse BESSON, *Grande Loge Féminine de France,*

Philippe CHARUEL, *Grande Loge de France,*

Pascal BERJOT, *Grande Loge Traditionnelle et Symbolique Opéra,*

Dominique MOREAU, *Grande Loge de l'Alliance Maçonnique Française.*

Le « Pôle Tradition » est animé par Alain JUILLET, ancien Grand Maître de la GL-AMF.

Cet ouvrage collectif s'est enrichi des contributions d'auteurs éminents appartenant à ces Grandes Loges :

Francis BARDOT, Alain-Noël DUBART, Gaston-Paul EFFA,
Alain JUILLET, Marie-Dominique MASSONI,
Jean-Marc PETILLOT, Louis TREBUCHET
et Jean-Jacques ZAMBROWSKI.

La rédaction a été assurée par Jean DUMONTEIL
et la coordination éditoriale par Jean-Claude TRIBOUT. ■